Pierluigi Collina

Meine Regeln des Spiels

Was mich der Fußball über das Leben lehrte

Mit einem Vorwort von Rainer Moritz

Aus dem Italienischen von Bruno Genzler

HOFFMANN UND CAMPE

Die Originalausgabe erschien 2003 unter dem Titel
»Le mie regole del gioco«
im Verlag Arnoldo Mondadori, Milano.

4. Auflage 2004

www.hoffmann-und-campe.de
Schutzumschlaggestaltung: sander köhn wehrmann
Umschlagfoto: Luca Maria Castelli
Satz: Buch-Werkstatt GmbH, Bad Aibling
Druck und Bindung: Clausen & Bosse, Leck
Printed in Germany
ISBN 3-455-09398-1

HOFFMANN
UND CAMPE

Ein Unternehmen der
GANSKE VERLAGSGRUPPE

Für Francesca und Carolina

INHALT

VORWORT

Wer eine Sportart betreibt und mit allen Kräften versucht, das Spielfeld als Sieger zu verlassen, tut sich manchmal schwer, eine Niederlage klaglos anzuerkennen. Verlierer und deren Anhänger neigen dazu, über die Ungerechtigkeit eines unverdienten Ergebnisses zu lamentieren und so von eigenen Versäumnissen abzulenken. Schuld in den Augen erregter Spieler, Zuschauer oder Funktionäre trägt dann meist der Schiedsrichter, dessen unzulängliche Amtsführung als Ursache allen Übels angesehen wird.

Schiedsrichter – vor allem in einer Massensportart wie dem Fußball – hatten und haben es nicht leicht. Sie sind Spielverderber, sie dienen als ideale Sündenböcke, die mal der Lächerlichkeit preisgegeben und mal dem Zorn ausgeliefert werden. Ihr gesellschaftliches Renommee war stets überschaubar: Wer denn, so Spötter, ist bereit, sich allwöchentlich dem Geifer schnaubender Spieler auszusetzen und sich von scheinbar unfehlbaren TV-Kameras verfolgen zu lassen? Wer schon will dauernd übelste Beschimpfungen geduldig ertragen, von denen die »Bratwurst«, mit der Fredi Bobic einst Schiedsrichter Kasper bedachte, eine der harmlosesten ist?

Brillante Schiedsrichterleistungen werden als Selbstverständlichkeit betrachtet, während sich falsche oder vermeintlich falsche Entscheidungen tief ins kollektive Gedächtnis der Fans eingraben. Deutsche haben viele Höhepunkte der Fußballgeschichte längst nicht mehr präsent, doch sie werden Tofik Bachramow nie vergessen, jenen Mann aus Riga, der anno 1966 als Linienrichter fatalerweise entschied, dass Geoff Hursts 3:2 gegen Deutschland ein regulärer Treffer gewesen sei. Und italienische Anhänger werden noch in fünfzig Jahren die Hände zum Himmel richten und darüber wehklagen, dass allein der ekuadorianische Schiedsrichter Bryan Moreno ihre Mannschaft um das Weiterkommen bei der Fußball-WM 2002 betrogen habe.

Fußballschiedsrichter sind in der Regel nicht populär. Obwohl es in den letzten zwanzig, dreißig Jahren immer wieder herausragende Persönlichkeiten wie den Franzosen Vautrot, den Ungarn Palotai oder den Italiener Agnolin gab, schien es lange undenkbar, dass ein Referee zur Symbolfigur, zur »Lichtgestalt« (*stern*) avancieren könnte, die sogar als Werbeträger einzusetzen wäre. Dem Italiener Pierluigi Collina ist dieses Kunststück gelungen: Seine Ansetzung als Schiedsrichter für das WM-Finale 2002 wurde auch von Laien begrüßt, und sein Charisma verleiht ihm eine erotische Ausstrahlung, die normalerweise Spielern wie Beckham oder Figo vorbehalten ist. Und so überrascht es nicht, dass Collina auch als Buchautor hervortritt. Vorläufer wie die 1990 erschienene Autobiografie *Abpfiff* des deutschen FIFA-Schiedsrichters Dieter Pauly blieben meist unbeachtet oder wurden als Selbstbeweihräucherungen belächelt.

Pierluigi Collina amtiert seit 1995 international. Binnen kurzer Zeit wurde er zum bekanntesten Vertreter seiner Zunft; seine überragenden Leistungen brachten es mit sich, dass er bereits fünfmal zum Weltschiedsrichter des Jahres gewählt wurde – ein einsamer Rekord. Man übertrug ihm die Leitung bedeutender Spiele; neben dem WM-Finale 2002, Brasilien gegen Deutschland, pfiff er zum Beispiel das Endspiel der Olympischen

Spiele 1996 und – allen Anhängern von Bayern München in schmerzlichster Erinnerung – das legendäre Champions-League-Endspiel 1999.

Die außergewöhnlichen Qualitäten des Schiedsrichters Collina lassen sich mühelos benennen: Seine psychische Stärke und seine hart erarbeitete physische Präsenz geben ihm eine Ausstrahlung und eine Autorität, die sich den Spielern von der ersten Sekunde an vermittelt. Collina scheut keine »unpopulären Entscheidungen«, auch wenn diese ihn beispielsweise dazu zwingen, den Fußballheros Franco Baresi nach drei Minuten mit der roten Karte zurück in die Kabine zu schicken.

Ein Klischee, das ahnungslose Journalisten gerne bedienen, besagt, dass ein guter Schiedsrichter derjenige sei, der nicht auffalle – eine törichte Auffassung, da sie verkennt, dass manche Vorkommnisse auf dem Rasen es erfordern, »auffällig« zu werden und mit Strenge und Unnachgiebigkeit markante Entscheidungen zu treffen. »Konsequenz« lautet das Zauberwort jeder guten Schiedsrichterleistung, und Collinas Ansehen gründet darauf, diese Konsequenz um jeden Preis beizubehalten – ungeachtet dessen, dass natürlich auch ihm Fehlentscheidungen unterlaufen.

Sein Buch *Meine Regeln des Spiels* gibt einen lebendigen Einblick in den Tages- und Jahresablauf eines Spitzenschiedsrichters. Vorbei sind die Zeiten, da sich das Amt des Unparteiischen auf höchstem Niveau »nebenher«, als Hobby betreiben ließ. Wer im immer rasanter werdenden Hochleistungsfußball mitkommen, wer dem medialen Dauerdruck standhalten will, muss ein Trainingspensum absolvieren, das hinter dem der Spieler nicht zurücksteht. Die Wandlungen, die der Profifußball in den letzten Jahrzehnten genommen hat, werden in Collinas Darstellung plastisch beschrieben. Sie zeigt, welche neuen Anforderungen hinzugekommen sind, und versucht dennoch, das Fundament dieser unverwüstlichen Sportart herauszustellen. Pierluigi Collina ist ein wacher und ein konservativer Beobachter des Fußballs: Er weiß – besser als viele seiner Funktionäre –, dass Grundregeln und gewisse Werte notwendig sind, um die Attraktivität des Fußballs auch künftig zu sichern. In seinem Buch bekennt er sich unaufgeregt zu dieser Auffassung, und es ist nicht verwunderlich, dass gerade ein Schiedsrichter, dem es von Amts wegen obliegt, die Einhaltung eines Regelsystems zu überwachen, den (Kommerz-)Auswüchsen des gegenwärtigen Fußballs entschlossen entgegentritt.

Von Trainer-Pensionär Udo Lattek ist die wenig intelligente Bemerkung »Ich hasse Schiedsrichter und könnte sie manchmal umbringen« überliefert. Viele Reporter und viele Kommentatoren (und keineswegs nur diejenigen der viel zitierten »Stammtische«) wissen erstaunlich wenig über das Handwerk des Schiedsrichters, und noch verblüffender ist es oft, mit welcher Unkenntnis strittige Stadionszenen erörtert werden. Collinas *Meine Regeln des Spiels* schafft hier keine endgültige Abhilfe, doch es eröffnet die Möglichkeit, sich ein genaues Bild von der aufreibenden und faszinierenden Tätigkeit des Schiedsrichters zu machen.

»Nur noch fünf Sekunden, nur noch die wenigen Stufen zum Spielfeld hinunter, und dann bleibst du allein, inmitten Tausender von Menschen …«, so hat Collina seine selbst gewählte Einsamkeit beschrieben. Der Fußball braucht den Mut derer, die dieses schwere Amt ausüben wollen. Sie erst ermöglichen das Spiel.

Rainer Moritz

EINFÜHRUNG

»Ich sehe dich vor dem Fernseher sitzen, mein Sohn, wo du dich so gerne von Zeichentrickfilmen (Tweety & Sylvester, Captain Tsubasa, Tom & Jerry) *und Fußballspielen verzaubern lässt. Ich setze mich zu dir und nehme dich in den Arm, und du fragst mich sogleich nach dem Schiedsrichter, der es dir besonders angetan hat. Vielleicht weil er dich in seinem gelben Trikot an eine Figur aus einem Comic-Heft erinnert. Und mehr als die Spieler – der Torhüter Buffon in seinem rosa Trikot, Ronaldo mit seiner Glatze, Adriano mit seinem Ohrring – fasziniert dich dieser Mann, der im Bruchteil einer Sekunde seine Entscheidungen treffen muss: Elfmeter, Abseits, Foul … Er, dieser verhinderte Fußballer, ist es, an dem die Zuschauer auf den Rängen den Ärger auslassen, der sich in einer ganzen Arbeitswoche aufgestaut hat, die Wut über eine Niederlage.*

Die Einsamkeit der Fußballspieler auf ihren diversen Spielpositionen ist häufig, sogar literarisch beschrieben worden: Die des Rechtsaußen wurde zum Titel einer poetischen Fußballgeschichte von Fernando Acitelli, von der des Mittelstürmers hat uns Osvaldo Soriano erzählt, und Dino Zoff hat seinen Fans die Einsamkeit des Torhüters nahe gebracht. Aber der Mann, der wirklich einsam ist, mein Sohn, ist er, jener Schiedsrichter, der dich in seinem gelben Trikot zum Lächeln bringt.

Ich habe in meinem Leben eine Reihe von Schiedsrichtern kennen gelernt, und bei allen war so etwas wie eine verborgene Melancholie spürbar: vielleicht wegen der schwierigen Anfangsjahre ihrer Laufbahn, auf Dorfplät-

zen, ohne Schutz, ohne Sicherheitskräfte, umgeben von unreifen Burschen und ihren wütenden Vätern, fanatischen Funktionären, brutalen, respektlosen Spielern. Viele Gesichter zeigten die Narben von Fausthieben, Glasscherben, Steinen. Absurde Geschichten: nach dem Spiel stundenlang eingesperrt in der Umkleidekabine, abenteuerliche Fluchten wie im Agentenfilm im Kofferraum eines Wagens. Und dann die Lust, alles hinzuschmeißen. Was bringt es, für ein paar Lire sein Leben aufs Spiel zu setzen? Mit dem einzigen Ruhm, den eigenen Namen, häufig auch noch verunstaltet, hinter den Mannschaftsaufstellungen in irgendeiner Lokalzeitung geschrieben zu sehen. Doch Schiedsrichter wird man nicht durch Zufall. Es ist eine bewusste Entscheidung, hinter der eine Leidenschaft steht und der Glaube an Gerechtigkeit, an den Sinn von Regeln. Und so beschließen diese einsamen Männer, ihren Weg weiterzugehen, weiter davon zu träumen, es bis in die erste Liga zu schaffen oder gar einmal ein WM-Finale zu leiten …

Ich habe immer schon eine besondere Sympathie für jene jungen Leute empfunden, die sich in die Höhle des Löwen wagen und dort, allein beschützt durch ihren Mut, Fußballspiele pfeifen. Junge Leute, die auf die sonntäglichen Spritztouren im Auto verzichten oder auf Kinobesuche mit Freunden, um, auf die Minute pünktlich, das Startsignal für jenes weltliche Ritual zu geben, dem wir, mein Sohn, Arm in Arm beiwohnen. Hoffend und bangend, darauf wartend, ein Tor unserer Mannschaft bejubeln zu dürfen, aber auch darauf gefasst, in Niedergeschlagenheit zu verfallen wegen eines Gegentors, das, Herrgott noch mal, doch eigentlich zu verhindern war. Ohne Schiedsrichter machte der Fußball keinen Sinn. Zur Not kann man ohne Torhüter oder Mittelstürmer spielen, aber nicht ohne jenen Mann, der läuft und läuft und läuft, ohne jemals an den Ball zu kommen. Ein Tor zu schießen. Oder wenigstens einmal Beifall zu bekommen. Einen langen Beifall. Einen Beifall, bei dem es einem kalt über den Rücken läuft.«

Diese Zeilen habe ich dem letzten Werk von Darwin Pastorin, *Lettera a mio figlio sul calcio* (»Brief an meinen Sohn über Fußball«)*, entnommen. Sie schienen mir der schönste Einstieg zu diesem Buch, in dem ich über meine Welt, die Welt der Schiedsrichter, erzählen will.

Was sind das eigentlich für Menschen, die Unparteiischen, die über alle Unterschiede in Alter, Bildung, Geschlecht, sozialer Herkunft hinweg eines verbindet, und zwar die Liebe zum Sport, die so groß ist, dass sie sich mit ihrer Aufgabe in den Dienst derer stellen, die ihn tatsächlich ausüben?

Und hiermit meine ich nicht nur Fußballschiedsrichter, auch wenn ich die natürlich am besten kenne, sondern auch die Unparteiischen anderer Sportarten, wie Basketball, Volleyball, Rugby, die Kampfrichter und Zeitnehmer in der Leichtathletik, die Oberschiedsrichter und Linienrichter beim Tennis und viele andere mehr.

Das Auge des Fernsehens oder, besser, seine vielen Augen sorgen dafür, dass nichts mehr verborgen bleibt von dem, was während der neunzig oder wenig mehr Minuten auf dem Spielfeld passiert. Nichts entgeht ihnen, alles wird erfasst und beurteilt.

Aber die Sache verhält sich ein wenig so wie bei einem Eisberg. Die aus dem Meer ragende Eismasse ist so immens, dass man glaubt, das Ganze vor sich zu haben, und dass es darüber hinaus nichts mehr gebe. Dabei ist der weitaus größere Teil bloß unter der Oberfläche verborgen, aber nur wenige wissen davon.

* Liegt nicht in dt. Übersetzung vor, d. Ü.

Ähnlich bei uns: Jedermann kennt uns aus den neunzig Minuten eines Spiels, doch wer weiß schon, wer wir sind, was wir tun, was wir denken, wenn wir nicht auf dem Spielfeld stehen?

Genau davon möchte ich hier erzählen, aus der Überzeugung heraus, dass Offenheit und Klarheit immer hilfreich sind, um Beziehungen zu verbessern, Dinge verständlich zu machen und für mehr Akzeptanz zu sorgen.

Dann wird man vielleicht so manch eine Überzeugung über Bord werfen, die sich auf Gemeinplätzen gründet, wie etwa dem – sehr verbreiteten –, ein Schiedsrichter sei umso besser, je weniger er auffalle.

Ich habe mich immer schon gefragt, warum das so sein soll, und nie eine Erklärung gefunden. Ein Fußballspiel zu leiten bedeutet schließlich nicht, »Versteck zu spielen« …

Natürlich könnte man sagen, der beste Schiedsrichter ist der, der am wenigsten Fehler macht. Aber diese Definition ist doch ein wenig zu banal.

Sprechen wir also lieber über den »Mut«, schwierige, wichtige Entscheidungen zu treffen, Entscheidungen, die von solcher Bedeutung sind, dass der Schiedsrichter mit ihnen ins Blickfeld rückt und zu *einem* Hauptakteur, wohlgemerkt nicht *dem* Hauptakteur, des Spieles wird.

Der beste Schiedsrichter ist der, der diesen Mut besitzt, ein Mann, der Entscheidungen trifft, auch wenn es einfacher wäre, es zu unterlassen und abzuwarten, was nach dem Spiel passiert.

Das ist die wichtigste Eigenschaft eines Unparteiischen, und mein Rat an junge Schiedsrichter lautet: von Anfang an lernen, mutig zu sein.

I MEINE WELTMEISTERSCHAFT

Eine Weltmeisterschaft in Viareggio

Wenn ich die Augen schließe und an den Juni 2002, an »meine« WM, zurückdenke, überkommt mich als erstes Gefühl ungläubiges Staunen. Habe ich tatsächlich diese vierundvierzig Tage in Japan verbracht? Habe ich wirklich Brasilien gegen Deutschland, das Endspiel der Fußballweltmeisterschaft, gepfiffen? Es kommt mir ganz irreal vor. Dieses Erlebnis, die gesamte Zeit der WM, war so schön, so »perfekt«, dass ich mich frage, ob das nicht alles nur ein Traum war. Ein Traum, der länger als einen Monat währte. Zum Glück gibt es Videokassetten und Zeitungsartikel, die diese Ereignisse bezeugen. Und hätte ich im Voraus das Drehbuch dieser Wochen schreiben können, wäre gegenüber der Wirklichkeit kein Komma geändert worden, das Finale natürlich eingeschlossen.

Oder halt. Eine Sache hätte ich vielleicht doch geändert, und zwar den Drehort. Meine Weltmeisterschaft wäre in Viareggio »gedreht« worden, mit allenfalls ein paar Außenaufnahmen in Lucca und Umgebung. Denn als Regisseur dieses Films hätte ich nie im Leben 13 000 Kilometer zwischen mich und meine Familie gelegt.

Eine Zwischenetappe

Da ich nun, um bei diesem Bild zu bleiben, nicht Regisseur, sondern Schauspieler dieses Films war, kann ich nicht leugnen, dass diese WM, die dazu noch in der Leitung des Finales gipfelte, einen äußerst wichtigen Meilenstein in meiner Entwicklung als Schiedsrichter und als Mensch bedeutet. Von einem Ziel möchte ich allerdings noch nicht sprechen. Ziel beinhaltet immer auch Stopp, Ausruhen, Rückblick, kurz, Bilanz ziehen – alles Dinge, die noch zu früh für mich kommen. Viele Leute meinen ja, wer einen solchen Gipfel in seiner Karriere erreicht habe, für den sei es Zeit aufzuhören. »Aufhören, wenn es am schönsten ist«, heißt das, damit man auf dem Höhepunkt in Erinnerung bleibt und der Gefahr entgeht, durch eventuelle Fehler auf nachfolgenden Etappen alles einzureißen, was man sich aufgebaut hat. Doch dazu gefällt mir meine Tätigkeit viel zu gut. Und deshalb betrachte ich die Wochen im Sommer 2002 in Japan als Zwischenstation, an die sich anknüpfen, von der aus sich neu durchstarten lässt. Kurz, eine Etappe auf einem Weg, der, so hoffe ich, noch ziemlich lang sein wird. Außerdem sind die Hunderte von E-Mails, in denen ich, als das Gerücht aufkam, ich würde nach der WM die Pfeife an den Nagel hängen, zum Weitermachen aufgefordert wurde, nicht nur ein schöner Vertrauensbeweis, sondern auch neuer Ansporn für mich.

Ich bin dreiundvierzig, und somit bleiben mir noch ein paar Jahre, um meine Schiedsrichterkarriere fortzusetzen. Zurzeit möchte ich ganz einfach nur das weiterführen, was ich bis zum heutigen Tag getan habe, und das mit dem gleichen Spaß, der gleichen Leidenschaft, der gleichen Konzentration.

Und ich bin überzeugt, dass in dem Moment, da ich glauben würde, etwas erreicht zu haben oder an einem Ziel angekommen zu sein, eine Kurve nach unten begänne, die wahrscheinlich unaufhaltsam wäre. Dann glaubt man nämlich, es stünde einem etwas selbstverständlich zu, man schaffte es auch, ohne sich genauso zu engagieren und in die Sache hineinzuknien, wie man es bislang getan hatte. Aber das funktioniert nicht.

Meine letzte WM

Natürlich wäre es kindisch, die Leitung eines WM-Finales herunterzuspielen, so zu tun, als bedeute sie wenig. Schon allein deshalb, weil in der Geschichte des Fußballs nur so wenige ausgetragen wurden. Man muss sich das klar machen: lediglich weitere sechzehn von 1930 bis heute. Zu dem kleinen Kreis von Unparteiischen zu zählen, die eines dieser Endspiele leiten durften, ist daher ganz sicher etwas Außergewöhnliches, vielleicht sogar, mit ein wenig Emphase gesprochen, etwas Historisches, vorausgesetzt, Fußball ist für die Geschichtsschreibung überhaupt von Belang. Doch egal wie, jedenfalls war es für mich als Schiedsrichter das Höchste, was ich anstreben konnte.

Dennoch bleibe ich überzeugt davon, dass der Tag, an dem ich das Gefühl habe, es geschafft zu haben, auch mein letzter Tag als Schiedsrichter sein wird. Wenn ich feststelle, dass ich nicht mehr die gleiche Lust habe, wie sie mich bis heute erfüllt, dass ich die Mühen der Vorbereitung als lästig empfinde oder mir vielleicht einrede, ich könne auf die tägliche Arbeit auf dem Trainingsplatz verzichten, werde ich die Pfeife an den Nagel hängen.

Im Moment ist es mein Ziel, noch so lange zu pfeifen, wie es mir das aktuelle Reglement erlaubt, mit anderen Worten, bis ich fünfundvierzig bin. Wenn die nächste WM in Deutschland angepfiffen wird, werde ich sechsundvierzig sein, und so lässt sich leicht ausrechnen, dass für mich das Kapitel WM mit dem Turnier in Japan und Südkorea abgeschlossen ist. Es schmerzt mich ein wenig, dies so offiziell zu verkünden. Denn mit meiner Erfahrung, meinem Instinkt, hätte ich wohl keine Schwierigkeiten, zur nächsten WM aufzubrechen, mit noch mehr Lust und noch mehr Ehrgeiz als bei der zurückliegenden. Aber so sind die Vorschriften.

Um noch einmal auf das Bild mit dem Film zurückzukommen: Wäre ich tatsächlich der Regisseur meines Lebens und meiner Karriere, würde ich die Regeln ändern. Ich fände es richtiger, man würde die Teilnahme eines Schiedsrichters an solch einer Veranstaltung wie der WM von seiner Leistung abhängig machen und nicht von seinem Geburtsdatum. Manch ein Fußballer mit einer besonders langen Karriere hat seine größten Erfolge erst in einem Alter erreicht, da andere längst aufgehört haben. So Dino Zoff, der mit vierzig Weltmeister wurde, oder McAllister vom FC Liverpool, der mit siebenunddreißig ein UEFA-Cup-Finale gewann und dabei der beste Spieler auf dem Platz, der so genannte *man of the match* war. Wäre es bei denen auch nach dem Personalausweis gegangen, hätten sie in ihrem »falschen« Alter nichts mehr gewinnen dürfen. Aber so ist es nicht, und ich denke, das Gleiche sollte auch für einen Schiedsrichter gelten. Er selbst müsste in sich hineinhorchen und für sich klären können, ob er noch in der Lage ist und den Willen verspürt, große Spiele zu leiten. Und wenn dem so ist, sollte er, wenn es um die endgültige Entscheidung geht, nur nach seiner Leistung auf dem Spielfeld beurteilt werden. Erfahrene, bewährte Unparteiische auszusortieren, nur weil sie die fünfundvierzig überschritten haben, schadet dem Fußball, denn so wird ein Gut verschleudert, das über viele Jahre hin »angespart« wurde. Mehr kann ich dazu nicht sagen, schließlich bin ich Schiedsrichter, nicht Drehbuchautor.

Vom Weltcup zum italienischen Cup-Finale

Vor meinem ersten Spiel nach dem WM-Finale, einer Begegnung der ersten Runde im italienischen Pokal, in der sich Mannschaften der zweiten und dritten Liga gegenüberstehen, fragte mich ein Freund, was das für ein Gefühl sei, nach Brasilien gegen Deutschland nun Sampdoria Genua gegen Siena zu pfeifen, das Spiel, für das ich angesetzt war. Die Antwort, die ich ihm gab, mag sich banal anhören, doch sie entspricht voll und ganz der Wahrheit: Egal, was ich mache, ich mache es möglichst gut. Mir wäre es unangenehm, würde jemand auch nur vermuten, ich hätte ein Spiel schlecht geleitet, weil mir die rechte Lust fehlte, weil ich nicht konzentriert war und mich nicht ausreichend vorbereitet hatte. Kein Zweifel, die eigene Leistung kann zu wünschen übrig lassen, auch wenn die Vorbereitung optimal war. Man leidet darunter, weiß aber auch, dass man mehr nicht tun konnte.

Eine unzulängliche Vorbereitung hingegen geht ausschließlich auf das eigene Konto, und mir widerstrebt es, irgendwo schlecht auszusehen.

Und so habe ich mich auch, obwohl wegen der kurzen Saisonpause nach dem 30. Juni konditionell ein wenig im Rückstand, für das Spiel Sampdoria gegen Siena so gewissenhaft wie möglich vorbereitet. Denn egal, welche Herausforderung mich erwartet, ich gehe immer mit der gleichen Einstellung hinein, indem ich mich aufs Äußerste engagiere, um das Beste aus mir herauszuholen. Und nur auf diese Weise habe ich auch meinen Spaß dabei.

Vor dem Spiel

Natürlich will ich nicht behaupten, ein WM-Finale sei ein Spiel wie jedes andere. Das ist es einfach nicht, weder für die Spieler noch für die Zuschauer. Und ebenso wenig für den Mann, den man dazu bestimmt hat, es zu leiten. Schließlich ist es ein Spiel, das sozusagen eine vierjährige Saison krönt, ein Spiel, auf das alle zur Verfügung stehenden Kräfte zu konzentrieren sind und das einem auch im Unterbewusstsein noch ein wenig mehr als andere abverlangt.

Alle Spiele verdienen höchste Aufmerksamkeit. Doch dieses eine, das ein Turnier der besten Nationalmannschaften der Welt abschließt, verlangt in jeder Hinsicht das Optimum. Man muss mit Gelassenheit und in der Überzeugung hineingehen, alles in der eigenen Macht Stehende getan zu haben, um diesem großen Ereignis gerecht zu werden.

Gelassenheit ist meiner Erfahrung nach der beste Weg, die großen Events anzugehen. Bei mir rührt diese Gelassenheit zum einen aus dem Wissen, meine Kräfte hundertprozentig in eine gewissenhafte Vorbereitung gesteckt zu haben. Zum anderen aber auch aus meiner Fähigkeit, »den Stecker herauszuziehen«, mich vollkommen zu entspannen. Ich habe kein Problem, die Nacht vor einem wichtigen Spiel seelenruhig durchzuschlafen. Manchmal kommt auch noch ein Stündchen am Nachmittag vor einem Spiel, das abends anzupfeifen ist, hinzu. Ich verfüge glücklicherweise über diese Gabe, die ich mir nicht erarbeitet habe: Ich bin in der Lage, zwischen Momenten höchster Aufmerksamkeit, absoluter Konzentration, auch Pausen zu machen, die Anspannung zu lockern. Nur so steigt der Stress nicht über die kritische Marke, und man muss nicht fürchten, dass er den Erfolg gefährdet.

Diese Fähigkeit, meine Emotionen in Schach zu halten, hat allerdings auch seine Kehrseite, zum Beispiel was die Erinnerung angeht. Denn verlebt man die Tage und Stunden vor einem WM-Finale zwar nicht wie den Alltag, jedoch ohne besonderen Druck, ohne besondere Anspannung, prägen sich weniger Einzelheiten, weniger Episoden, weniger Worte von einem selbst und anderen im Gedächtnis ein. Das ist eigentlich schade. Lägen jedoch auf der einen Seite mehr Erinnerungen, auf der anderen größere Gelassenheit auf der Waagschale, würde ich mich immer für Letzteres entscheiden.

Planen, aber mit Maß

Und so kommt es, dass sich bei mir die Tage und Stunden vor einem Spiel immer ein wenig ähneln und dass ich sie in meiner Erinnerung manchmal durcheinander bringe.

Mein erstes Spiel als Schiedsrichter, mein erstes Spiel bei den Profis, mein erstes in der Serie A, meine erste internationale Begegnung. Alles Stationen, die ich, als ich mit siebzehn Jahren zu pfeifen begann, ganz gewiss nicht so geplant hatte. Eigentlich liegt es mir, Pläne zu machen, aber nicht auf Jahre hinaus. Denn ich mag auch Veränderungen, plötzliche Abweichungen, neue Herausforderungen, vor die einen das Leben stellt und die man unmöglich achtlos links liegen lassen kann. So setze ich mir also keine langfristigen Ziele, denn ich weiß, dass der Reiz der Veränderung mich davon abbringen könnte, sie mit dem nötigen Eifer zu verfolgen. Darüber hinaus weiß ich auch, obwohl ich eigentlich für Astrologie nicht viel übrig habe, dass diese Eigenschaften für Leute typisch sind, die wie ich im Zeichen des Wassermanns geboren wurden.

Natürlich habe ich mir auch damals nicht, als ich als Schiedsrichter Stufe um Stufe aufstieg, das Ziel gesetzt, einmal ein WM-Finale zu pfeifen. Man kann sich ja nichts zum Ziel setzen, was nicht allein von den eigenen Fähigkeiten, den eigenen Anstrengungen abhängt.

Noch wenige Tage vor der Abreise nach Japan habe ich auf die Frage, was ich mir von dieser WM erwarte, geantwortet, ein Schiedsrichter solle sich lieber gar nichts von einem großen Turnier erwarten. Das sei nicht seine Aufgabe. Denn die Aufgabe eines Schiedsrichters ist es ja nicht, etwas zu gewinnen, sondern das, wozu er da ist, nach Kräften zu meistern. Egal, ob es sich dabei um das erste oder letzte Spiel des Turniers handelt, er muss darauf vorbereitet sein, die beste Leistung, zu der er fähig ist, abzurufen. Dann kommen eine Reihe von Faktoren hinzu, die nicht mehr der eigenen Kontrolle unterliegen, aber mit darüber bestimmen, ob man nun zwei oder mehrere oder vielleicht sogar das Endspiel leiten darf.

Aber es hängt eben nicht bloß von einem selbst ab. Gewiss, die Leistung muss stimmen, aber mehr kann man nicht tun. Manchmal reicht das, aber meistens müssen noch andere Faktoren hinzukommen, im speziellen Fall das Ausscheiden der Nationalmannschaft des eigenen Landes. Denn die Leistung kann noch so überzeugend sein, kommt die eigene Mannschaft weiter, ist man selbst draußen.

So erging es mir '98 bei der WM in Frankreich und vor allem bei der EM 2000 in den Niederlanden und Belgien.

Die WM 1998 und die EM 2000

Bei der WM in Frankreich galt ich trotz des hervorragenden Namens, den ich mir bereits gemacht hatte, immer noch als »junger« Schiedsrichter, vor allem im Vergleich zu den anderen nominierten Referees. Unparteiische wie Mario van der Ende, Marc Batta, Kim Milton Nielsen, José Maria García Aranda, Hugh Dallas konnten auf eine größere internationale Erfahrung als ich selbst zurückblicken. Zum einen wegen ihres höheren Alters, zum anderen, weil in manchen nordeuropäischen Ländern der Aufstieg in die Riege internationaler Referees in sehr viel jüngeren Jahren als in Italien möglich ist. Kim Milton Nielsen etwa kam, obwohl einige Monate jünger als ich, bereits 1988, erst achtundzwanzigjährig, zu seiner ersten internationalen Begegnung. Das wäre bei uns undenkbar.

Die ersten beiden Spiele, für die ich angesetzt war, waren gleich mit Spannung erwartete Prestigeduelle. Zunächst Niederlande gegen Belgien, ein sehr emotionsgeladenes Derby und eine große Herausforderung für mich, und danach Frankreich gegen Dänemark. Dann erreichte Italien das Viertelfinale, und alle Schiedsrichter der qualifizierten Länder mussten ausscheiden.

Obwohl diese Regelung von Beginn des Turniers an allen bekannt war, erinnere ich mich an die große Enttäuschung, die ich verspürte, als meine vorzeitige Heimreise zur Gewissheit wurde. Denn wie sagt man doch: Die Hoffnung stirbt zuletzt. Dann aber sah ich, wie mein Zimmernachbar Marc Batta, der als Franzose mit Sicherheit gut informiert war, noch vor der offiziellen Bekanntgabe des Beschlusses seine Koffer packte, und wusste Bescheid. Es war eine bittere Pille für mich, die auch nur ein wenig süßer wurde durch die Gewissheit, dass ich trotz guter Leistungen letztlich nur am Erfolg der italienischen Nationalmannschaft gescheitert war.

Bei der EM hingegen zählte ich bereits zum Kreis der bewährten Kräfte. Ich wurde für Holland gegen Tschechien sowie für die auch unter Sicherheitsaspekten schwierige Partie Deutschland gegen England angesetzt, danach für das Viertelfinalspiel Frankreich gegen Spanien. Aber nicht nur Frankreich, sondern auch Italien qualifizierte sich für das Halbfinale, und damit war ich draußen.

Wäre Italien auch beim Turnier in Japan und Südkorea weitergekommen, hätte ich schon lange vor dem Finale ausscheiden müssen. Eben deshalb halte ich es für falsch, sich als Schiedsrichter zu »weit reichende« Ziele zu setzen, zumal wenn man wie ich das Glück hat, aus einem Land zu kommen, dessen Nationalmannschaft normalerweise die Endrunde der großen Turniere erreicht. Und das sage ich ohne einen Hauch von Ironie. Ich nehme nämlich regen Anteil an allem, was mein Land betrifft, und es erfüllt mich immer mit großer Genugtuung, wenn sich Italien, gleichgültig, auf welchem Gebiet, besonders hervortut.

Doch egal wie, jedenfalls bekam ich durch mein frühes »Ausscheiden« sowohl in Frankreich als auch in Belgien die Gelegenheit, eine Dimension der Veranstaltung zu genießen, die ich besonders liebe, die mir aber als Schiedsrichter normalerweise verschlossen ist. Und zwar die Dimension des Festes, des Happenings, der Anteilnahme von Fans und Zuschauern. Ich erinnere mich noch an die Ströme von Menschen aus unzähligen Ländern, die in Paris friedlich singend und jubelnd über die Champs-Élysées zogen, oder an das bunte Bild, die Chöre und Gesänge, als auf dem zentralen Platz von Brüssel die spanischen und französischen Fans zusammen feierten.

Als ich in Frankreich »ausschied«, beschloss ich, noch ein paar Tage dranzuhängen und mir zusammen mit meiner Frau das Viertelfinale Frankreich gegen Italien zu gönnen: Welch eine Show, welch ein Meer von Farben und, leider, welch eine Enttäuschung nach der Niederlage Italiens.

Ein großes Spiel, dem ich, ebenfalls in Begleitung meiner Frau, als Zuschauer beiwohnte, war das WM-Finale 1990 in Italien; damals war ich Schiedsrichter in der Serie C, und wenn ich an jenen Tag zurückdenke, habe ich sofort wieder das phantastische Bild des tosenden Olympiastadions vor Augen, in dem sich die Fans bis zum letzten Platz drängten, nicht nur aus Deutschland und Argentinien, den damaligen Finalisten, sondern auch Zuschauer vieler anderer Nationalitäten.

Ein großes Fest des Sports. Damit meine ich nicht nur das eigentliche Sportereignis, sondern ebenso die Anteilnahme und Verbundenheit Zehntausender von Menschen, die hier aller kulturellen und biographischen Verschiedenheiten zum Trotz unter dem gemeinsamen

Nenner der Liebe zum Fußball zusammengekommen waren. Mit einem einzigen Wermutstropfen: dem Pfeifkonzert der italienischen Fans während der argentinischen Nationalhymne, als eine Art Rache für die Eliminierung Italiens im Halbfinale durch die Südamerikaner.

Ein steiniger Beginn

Das Fehlen dieser Komponente eines prachtvollen Festes verschiedenster Nationen, einer direkten physischen Präsenz von Fans aus allen Teilen der Welt, war eigentlich ein Kennzeichen der WM in Japan und Südkorea. Zwar war die Anteilnahme vielleicht sogar noch größer als bei früheren Turnieren, aber sie verlief mehr über die Medien, über das Fernsehen. Gewiss, einige Fans ihrer »auswärts spielenden« Nationalmannschaft waren mitgereist, wie etwa die sehr zahlreichen Iren und Engländer. Doch die große Mehrheit der Zuschauer in den Stadien waren Japaner und Koreaner. Und so fehlte jenes Moment der Verschmelzung von Menschen, Bräuchen und Kulturen, das, wie gesagt, für mich ebenso wichtig ist wie der rein sportliche Aspekt.

Was nun meine persönliche WM angeht, so begann sie, wenn ich's mir recht überlege, eigentlich nicht unter den besten Vorzeichen. Die offizielle Bestätigung meiner Teilnahme war zu Beginn des Jahres 2002 nach einer Sitzung der FIFA-Schiedsrichterkommission erfolgt. Sie war keine Überraschung. Ich kann nicht leugnen, dass ich damit gerechnet, meine Teilnahme gewissermaßen als gegeben vorausgesetzt hatte.

Für Verwunderung im italienischen Verband sorgte hingegen die Tatsache, dass anders als sonst bei den großen Turnieren keiner unserer Schiedsrichterassistenten nominiert wurde. Es gab keine Proteste oder Klagen von unserer Seite – es wäre ja auch schlimm, wenn gerade wir solche Entscheidungen nicht akzeptierten –, jedoch eine gewisse Enttäuschung vor allem in menschlicher Hinsicht, denn unter den Assistenten mit den größten WM-Chancen waren sehr bewährte Kräfte, mit denen ich viele Stunden der Vorbereitung geteilt und viele Spiele geleitet hatte. Und die Berufung eines italienischen Assistenten für die WM wäre eine verdiente Anerkennung für eine Gruppe gewesen, die traditionell auf höchstem Niveau agiert und keine Mühen scheut, um ihrer sehr schweren Aufgabe gerecht zu werden.

Ende März 2002 wurde ich zusammen mit den rund siebzig anderen für das Endturnier nominierten Schiedsrichtern und Assistenten zu einem Vorbereitungslehrgang nach Seoul eingeladen. Vorgesehen waren ein theoretischer Teil mit Analysen und Diskussionen über die FIFA-Anweisungen zu den verschiedensten Spielsituationen sowie ein Fitnesstest für jeden Schiedsrichter. Bereits bei der Ankunft in Seoul hatte ich mich nicht wohl gefühlt, dies aber dem Jetlag oder der Müdigkeit nach der langen Reise zugeschrieben. Doch am nächsten Morgen wachte ich mit 38,5 Grad Fieber auf, das bald schon auf 39,5 Grad anstieg. Ich hatte mir eine Grippe eingefangen, die mich praktisch die ganze Zeit des Lehrgangs über ans Bett fesselte. Meine Stimmung war wirklich am Boden, vor allem weil dieser Lehrgang in der WM-Vorbereitung eine Schüsselrolle einnahm. Und die zähen Stunden, die ich vor dem Fernseher in meinem Hotelzimmer verbrachte, taten das ihre, um meine Stimmung zu drücken. Und das noch weniger wegen der unablässig übertragenen Sumokämpfe, für die ich bald Experte wurde, sondern wegen einiger Sendungen, die mich über RAI International aus Italien erreichten und die mir fast den Rest gaben. Doch im Ernst, was mich wirklich verbitterte, waren gewisse aufgeregte, böswillige Kommentare nach meinem erzwungenen Verzicht auf die Fitnesstests: Als hätte ein Schiedsrichter nicht das Recht, sich auch mal eine Grippe einzufangen.

Was für einen Sportler normal ist, scheint Schiedsrichtern nicht erlaubt zu sein, auch wenn sie, wie ich, zwei Kinder haben und sich daher zu Hause leicht anstecken können. Zum Glück war ich ungefähr einen Monat zuvor bereits für die UEFA den gleichen Tests unterzogen worden, und die Schiedsrichterkommission beschloss, diese für mich zu werten.

Der Ball rollt

Nach diesem etwas holprigen Beginn begann sich nun alles zum Besten für mich zu wenden. Zunächst wurde ich für die Begegnung Argentinien gegen England angesetzt, eines jener Spiele, das ich mir schon vom Zeitpunkt der Gruppenauslosung in Busan im Dezember 2001 an zu pfeifen gewünscht hatte. Aus Aberglauben hatte ich es aber vermieden, genauere Informationen über den Spielort und den Termin dieses Matches einzuholen. Und wenn mir jemand die Ansetzung ebendieses Spiels prophezeite, gab ich mich arglos und antwortete etwa: »Ach ja? Ich wusste gar nicht, dass die in einer Gruppe spielen ...!« Als mir dann aber am 24. Mai in Südkorea tatsächlich Argentinien gegen England übertragen wurde, empfand ich, ich will es nicht verheimlichen, eine tiefe Genugtuung.

Ich sagte, alle Spiele seien gleich. Aber einige sind eben »gleicher als andere«, und der Reiz und die Bedeutung dieser Paarung waren nicht zu leugnen, auch wegen der Begleitumstände, die gar nichts mit Fußball zu tun hatten.

Die Ansetzung für solch ein Spiel bedeutet immer eine besondere Anerkennung, die mich mit Stolz erfüllte. Obwohl ich sogleich auch spürte, dass es, wie stets im Leben, hier eine Kehrseite gab, die weniger dankbar und in gewisser Hinsicht sogar Besorgnis erregend war: das Risiko, das dieses Spiel mit sich brachte. Die WM mit einem wichtigen, brisanten Spiel unter den Augen der ganzen Welt zu beginnen konnte, so sagte ich mir, auch einen Nachteil für mich bedeuten. Würde etwas schief gehen, wäre meine gesamte WM ernsthaft gefährdet. Wäre es nicht besser gewesen, mit einem unbedeutenderen Match zu beginnen, das aller Wahrscheinlichkeit nach glatt verlaufen würde? Doch vor die Wahl zwischen einer Herausforderung und der Scheu vor dem Risiko gestellt, zögere ich meist nicht lange: Ich suche den Erfolg und nehme die Herausforderung an.

Doch trotz der Vorgeschichten, wie etwa dem berühmten Tor der »Hand Gottes«, des Diego Armando Maradona, oder der Begegnung bei der WM in Frankreich mit der Hinausstellung David Beckhams und den anschließenden erbitterten Diskussionen, ganz zu schweigen von den kriegerischen Verwicklungen beider Länder im Falkland-Krieg, verlief das Spiel, wie man es sich besser nicht wünschen könnte. Und das sage ich als Mensch, der seine eigene Leistung üblicherweise äußerst kritisch bewertet. Doch hier war ich der festen Überzeugung, ein gutes Spiel »gemacht« zu haben. Es war so ein Spiel, bei dem es einem gelingt, den Spielern auf dem Platz bestimmte Botschaften zu vermitteln, die diese dann in faires, diszipliniertes Verhalten umsetzen.

Von meiner Ansetzung für Argentinien gegen England erfuhr ich am 24. Mai, als die Schiedsrichterkommission die Referees für die ersten sechsunddreißig Spiele bekannt gab. Bereits einige Stunden zuvor jedoch hörte man plötzlich, jemand habe meinen Namen neben diesem Spiel auf einer Bildschirmtafel gesehen, die irrtümlich für einige Momente eingeblendet und dann sofort wieder gelöscht wurde. Doch ich blieb meiner Gewohnheit treu, erst dann zu »jubeln« – allerdings auch nur innerlich –, wenn die Dinge wirklich feststehen. Nach der offiziellen Bestätigung gab es eine Pressekonferenz, an der alle akkreditierten Journalisten teilnehmen konnten, und uns Schiedsrichtern war es gestattet, mit der Presse zu sprechen, eine Ausnahme, die sich im Verlaufe des Turniers nur noch zweimal wiederholte.

Hier bestätigte sich, dass es sich um ein mit Spannung erwartetes Spiel handelte, denn die übergroße Mehrheit der Journalisten hatte Fragen an mich. Und ich meinerseits freute mich über den wohltuenden Vertrauensbeweis, den ich gerade von der Schiedsrichterkommission der FIFA erhalten hatte. Bis zum Anpfiff waren es nun noch zwei Wochen. Also alle Zeit der Welt, um sich optimal auf das Spiel vorzubereiten, das in Sapporo, im Norden Japans, ausgetragen würde, wo das Klima kälter und regnerischer war als im zu dieser Jahreszeit sonnigen, warmen Tokio, wo wir unser Hauptquartier hatten.

Neben dem Training und dem Aufbau der nötigen Konzentration kann auch der Besuch eines Spiels der Mannschaft, die man pfeifen wird, Bestandteil der Vorbereitung sein. In der Umgebung von Tokio gab es drei

Spielorte, Yokohama, Ibaraki und Saitama, die mit einigen Stunden Busfahrt zu erreichen waren. Zwei Spiele standen auf dem Programm, bei denen England oder Argentinien antraten, und zumindest den Besuch von einem hätte ich zeitlich ermöglichen können. Doch ich beschloss, es ganz zu unterlassen. Zum einen, um nicht schon im Vorfeld den Anschein zu erwecken, eine der beiden Mannschaften zu bevorzugen, zum anderen, weil ich im Fernsehen beide Spiele live verfolgen und mich so auf der Stelle ohne Zeitverlust in die Vorbereitung stürzen konnte.

Informationen erleichtern das Leben

Wie bereits erwähnt, besteht für einen Schiedsrichter ein Hauptbestandteil der Vorbereitung darin, Informationen zu sammeln. Analysiere ich eine Begegnung auf Video, versuche ich mir als Erstes die taktische Ausrichtung beider Mannschaften, sowohl offensiv als auch defensiv, einzuprägen.

Ich schaue mir an, wie sich ihr Spiel entwickelt, wie die Angriffe vorgetragen werden, beobachte, welche Systeme sich wiederholen, das Verhalten bei Standardsituationen, bei Frei- und Eckstößen.

Dann gehe ich zur Analyse der einzelnen Spieler über, denn von deren Eigenheiten hängt die Ausführung der Spielsysteme ab.

Kurzum, ich lasse mich von der Überzeugung leiten, je besser man als Schiedsrichter Bescheid weiß, desto leichter wird die Aufgabe auf dem Platz.

Selbstverständlich reicht es nicht, sich ein Spiel live im

Fernsehen anzuschauen. Eine Videoaufzeichnung ist unerlässlich, erlaubt sie es doch, sich bestimmte Aktionen immer wieder anzusehen und Einzelheiten, die von besonderem Interesse sind, genauer unter die Lupe zu nehmen. Diese Recherchearbeit verlangt Zeit und Engagement, zahlt sich aber auf lange Sicht ganz gewiss aus.

Übrigens bin ich überzeugt, dass es in jeder Situation von unschätzbarem Wert ist, sich schlau zu machen. Ich will kurz erzählen, wie mich mein »Informationshunger« vor einiger Zeit zum Beispiel davor bewahrte, in eine »Verstehen-Sie-Spaß?«-Falle zu tappen.

Ein Firma tritt mit dem Vorschlag an mich heran, für ein Internet-Portal Werbung zu machen, und lädt mich in ein Hotel in Viareggio ein. Und was tue ich? Ich informiere mich über das Unternehmen. Es existiert tatsächlich, jedoch die weiteren Informationen, die ich einhole, stimmen nicht mehr mit dem überein, was mir die Leute, die ich treffen soll, erzählt haben. Ich werde misstrauisch und lasse die Sache auffliegen.

Fazit: Hätte ich mich nicht informiert, wäre ich ihnen wahrscheinlich auf den Leim gegangen.

Um mich mit den Dingen vertraut zu machen, versuche ich auch immer, mindestens eine Trainingseinheit in dem Stadion, in dem ich am nächsten Tag pfeifen werde, zu absolvieren, zumal wenn es sich um ein Stadion handelt, in dem ich noch nie gewesen bin. So hielt ich es auch vor dem Spiel England gegen Argentinien, das in einem hypermodernen, ganz überdachten *Dome* ausgetragen wurde, dessen Spielfeld, wenn es nicht benutzt wird, hinausgefahren und unter freiem Himmel »geparkt« wird, damit der Rasen sich dort erholen und atmen kann. Erst vor dem nächsten Spiel wird er einmal um die eigene Achse gedreht und wieder ins Trockene gefahren.

An diesem Training im *Dome* von Sapporo, der von

der Architektur her und mit seinem Fassungsvermögen von »nur« 40 000 Zuschauern eher einer unserer großen Sporthallen in Italien als einem herkömmlichen Fußballstadion gleicht, war mir besonders viel gelegen. Ich wollte selbst testen, ob die Atemschwierigkeiten, über die einige Spieler nach dortigen Vorbereitungsspielen geklagt hatten, auch bei mir auftreten würden. Aber davon konnte weder im Training noch später in der Begegnung die Rede sein. Im Gegenteil sorgte die Belüftungsanlage dafür, dass die Luftfeuchtigkeit innerhalb des Stadions in einem erträglichen Rahmen blieb und niemals lästig wurde.

Ein Heimspiel

Doch am wohlsten – man könnte fast sagen, »wie zu Hause«, obwohl ich in Japan im Einsatz war – fühlte ich mich, weil in beiden Mannschaften so viele Spieler standen, die ich zuvor bereits viele, viele Male gepfiffen hatte. Vor allem Argentinier, von denen viele bei italienischen Vereinen unter Vertrag stehen, aber auch Engländer, mit denen ich häufig bei europäischen Wettbewerben, auf Vereins- oder Länderebene, zusammengetroffen war. Sprachprobleme waren ausgeschlossen. Ich spreche Spanisch und Englisch, und mit vielen argentinischen Spielern kann man sich reibungslos auf Italienisch unterhalten. Mit anderen Worten, auch hier sind es wieder Kenntnisse, auf beiden Seiten, denn das Gleiche gilt auch für die Spieler, die die Aufgabe insgesamt erleichtern. Man ist einfach ruhiger, weil das Risiko, kalt erwischt zu werden und dadurch Fehler zu machen, wenn nicht beseitigt, so doch zumindest verringert ist.

Wenn dann noch gegenseitiger Respekt und Vertrauen hinzukommen, stimmt die Mischung, und es bestehen die besten Voraussetzungen, dass es zu keinen Zwischenfällen kommt. Denn ein Spieler, der einen kennt und schätzt, wird zum Beispiel eher dazu bereit sein, sogar eine mögliche Fehleinschätzung auf dem Platz hinzunehmen.

Wissen und Kenntnisse können aber auch dabei helfen, knifflige Situationen, bei denen Spieler sich über eine Schiedsrichterentscheidung aufregen, zu meistern. Etwa durch ein wenig Flachs, wenn man sicher sein kann, dass er auch richtig ankommt. Ich erinnere mich da, wie sich der argentinische Stürmer Battistuta, als wir nach der Halbzeitpause des Spiels England gegen Argentinien nebeneinander aufs Feld zurückkehrten, heftig über eine gelbe Karte beschwerte, die er sich für ein seiner Meinung nach harmloses Foul bereits nach zwölf Minuten eingehandelt hatte. Streng genommen war es natürlich nicht in Ordnung, dass ich mich überhaupt auf das Thema einließ. Doch ich kannte Battistuta, und so versuchte ich, die Situation mit einem Scherz zu entkrampfen. Ich hatte ihn auf das Signal meines kanadischen Schiedsrichterassistenten hin verwarnt, und so fragte ich ihn jetzt: »Kennst du eigentlich den wahren Grund, warum der Schiriassistent dich hat verwarnen lassen?« Battistuta blickte mich fragend an, und ich fügte hinzu: »Na, der kommt zwar aus Kanada, aber seine Familie stammt aus Chile!«, womit ich auf die alte Rivalität zwischen Chilenen und Argentiniern anspielte. Darauf Battistuta: »Ach so, deshalb!« Er verstand den Scherz, ließ sich darauf ein, und damit war die Diskussion beendet.

All diese Begleitumstände zusammengenommen sorgten dafür, dass Argentinien gegen England ein gutes Spiel wurde, ohne Probleme und ohne großes Hickhack danach, obwohl für eine der beiden Mannschaften, die unterlegenen Argentinier, das Ergebnis schon eine schwere Hypothek für den weiteren Verlauf des Turniers bedeutete.

Mit dieser Lobrede auf Kenntnisse und Informationen will ich nun nicht behaupten, jemand, der sich weniger engagiert informiere, müsse zwangsläufig scheitern. Aber ich halte es eben für eine brauchbare Lebensregel, den Faktor Zufall auf ein Minimum zu reduzieren, um seine Arbeit so erfolgreich wie möglich erledigen zu können.

Die WM geht weiter

Mein zweites Spiel, nach zwei Verpflichtungen als vierter Offizieller für Deutschland gegen Kamerun und Belgien gegen Russland, sollte ich im Achtelfinale leiten, und zwar die Partie Japan gegen Türkei. Japan gegen Russland und Japan gegen Belgien hatte ich im Stadion gesehen und war besonders von der Begeisterung des heimischen Publikums beeindruckt. Ein vielleicht nicht ausgesprochen sachkundiges, dafür aber fröhliches und engagiertes Publikum, das darauf brannte, die große Fußballwelt von nahem kennen zu lernen. Ich selbst fühlte mich körperlich topfit, nicht zuletzt dank der beiden belgischen Konditionstrainer, die mit den Schiedsrichtern arbeiteten, und obwohl es das ganze Match über in Strömen regnete, blieb das Spielfeld dank eines gut funktionierenden Entwässerungssystems in perfektem Zustand. Fügen wir noch den Faktor Aberglauben hinzu, der mich mit türkischen Mannschaften verbindet – tatsächlich hat wohl mit mir als Unparteiischem noch keine türkische Mannschaft verloren, weshalb man auf deren Seite in mir so etwas wie einen Glücksbringer sah –, und die Voraussetzungen für ein rauschendes Fußballfest waren alle gegeben.

Und in der Tat ging auch diese Partie glatt über die Bühne.

Die intensivste Erinnerung habe ich an den Moment unmittelbar nach dem Schlusspfiff: zehn Sekunden vollkommener, absoluter Stille, die auf zwei Stunden ohrenbetäubender Anfeuerungen, ununterbrochen wie der Regen, von Seiten der 40 000 feiernden Japaner folgten.

Ihre Mannschaft hatte verloren, und damit war auch ihre WM zu Ende. Zehn Sekunden, die mir ewig und unwirklich vorkamen. Damals wurde mir klar, was gemeint ist, wenn man von »ohrenbetäubender Stille« spricht. Dann, frenetisch und ergreifend, ein endlos langer Applaus. Der Traum der japanischen Nationalmannschaft war ausgeträumt, doch das gesamte Publikum huldigte und dankte mit diesem Applaus seiner Mannschaft für einen Erfolg, den so niemand erwartet hatte. Es war ein bewegender Augenblick, wie ich ihn selten erlebt habe. Während die Türken feierten, weinten viele japanische Spieler, und spontan ging ich auf den Kapitän der japanischen Mannschaft, Miyamoto, zu und sagte in einfachen Worten zu ihm: »Ich glaube, ihr solltet stolz sein auf das, was ihr erreicht habt. Nicht traurig. Stolz.«

Der Stolz auf eine Niederlage

Jene Spieler, jene japanische Mannschaft hatte mehr erreicht, als man ihr zu Beginn des Turniers zugetraut hätte. Es bis ins Achtelfinale zu schaffen und dort nach großem Kampf zu verlieren war ein sehr respektables Ergebnis für einen Außenseiter. Und als ich mich mit diesen Worten und in dieser Situation, sofort nach einer zweifellos schmerzlichen Niederlage, an den japanischen Spielführer wandte, ging es mir darum, eine tiefe Überzeugung zum Ausdruck zu bringen: Sportlern Respekt zu zollen, die zwar verloren, aber zuvor alles darangesetzt haben, um zu gewinnen. Leider ist wohl in unserer heutigen Welt, und dabei denke ich nicht nur an die Welt des Profisports, der Wert einer ehrenvollen Niederlage etwas in Vergessenheit geraten. Was eigentlich die Ausnahme sein sollte, der Sieg, ist zur Norm geworden, zum Minimalziel. Zu gewinnen ist normal. Dabei ist zu gewinnen per se die Ausnahme. Um keine Missverständnisse aufkommen zu lassen, ich bin kein Anhänger des berühmten Mottos von de Coubertin, glaube also nicht, ein Sportler sollte sich die bloße Teilnahme an einem Wettkampf zum höchsten Ziel setzen. Teilnehmen allein genügt mir nicht. Ich mag es, mich für den Sieg zu schinden und alle, natürlich erlaubten, Mittel einzusetzen, um zu gewinnen. Doch in diesem Streben vergesse ich nie, dass man auch Zweiter werden kann, oder Dritter. Oder Letzter.

»Unnormal« ist nicht der Verlierer, sondern jener Sportler, der eine wirklich außergewöhnliche Leistung vollbringt und damit alle anderen übertrifft, also der Sieger, der als solcher auch gefeiert werden sollte. Aber das heißt noch lange nicht, dass alle anderen Teilnehmer verloren haben. Die Kultur des Sieges um jeden Preis, des Wettkampfs bis zum letzten Blutstropfen, führt unweigerlich zum Gebrauch bedenklicher, wenn nicht gar verbotener Mittel, lässt Methoden zu, die auf Betrug, wie etwa Doping, basieren und damit das Gegenteil jener Werte bilden, die eigentlich Voraussetzungen des Sports wie auch des zivilisierten Zusammenlebens sind. Man sollte diese Haltung nicht als die eines weltfremden Utopisten oder unverbesserlichen Idealisten abtun. Darin erkenne ich mich nicht wieder. Aber es ist meine tiefste Überzeugung, dass man jenen »Nichtsiegern« den größten Respekt schuldet, die alles gegeben haben, um zu gewinnen, jedoch auf Gegner gestoßen sind, die, zumindest an diesem Tag, besser waren als sie. Nicht nur die Resultate sollte man also bewerten; auch die Anstrengungen, die unternommen wurden, um jene Resultate zu erreichen, müssen ins Urteil mit einfließen.

Das war es, was ich dem Kapitän der japanischen Nationalmannschaft sagen wollte. Sein Team hatte alles darangesetzt, um zu gewinnen, und war von einer Mannschaft geschlagen worden, die eben noch besser gespielt hatte. Und sein Lächeln bestätigte mir, dass mein und sein Englisch zumindest halbwegs kompatibel waren. Und auch der nicht enden wollende Applaus des Publikums schien mir zu sagen, dass hier unsere Auffassung vom Sport geteilt wurde.

Ähnliche Signale, so in Südkorea beim Spiel um den dritten Platz zwischen der Heimmannschaft und der Türkei, das mit herzlichen Umarmungen zwischen siegreichen und geschlagenen Spielern endete, oder in Leicester, als die Fans ihre Mannschaft trotz ihres Abstiegs in die *First division* mit Beifall verabschiedeten, machen mir Hoffnung, dass meine Auffassung vom Fußball nicht als Kampf bis aufs Messer, sondern als saubere sportliche Auseinandersetzung mehr ist als die wehmütige Erinnerung einiger weniger zurückgebliebener Träumer. Nie werde ich das Publikum im ehrwürdigen Old Trafford von Manchester während eines Spiels in der Champions League vergessen, als die *Red Devils* 0:3 gegen Real Madrid zurücklagen: kein einziger Pfiff, dafür Anfeuerungsgesänge für das Team, und zum Schluss, trotz der 2:3-Niederlage, ein langer, dankbarer Applaus.

Eine Debatte über die Kultur des Sports würde sehr weit führen. Zumindest in unserem Land müsste man auch das Schulsystem zur Sprache bringen, den Mangel an Sportstätten, die Rückständigkeit im Breitensport, besonders bei Kindern und Jugendlichen.

Sportliche Aktivitäten auf den untersten Ebenen sind aber unverzichtbar, damit sich eine faire Einstellung bei denen entwickelt, die später einmal vor allem »passive« Sportler sein werden, also einfache Fans. Und ebenso unverzichtbar ist die Unterstützung der Familien, der Eltern, die allzu häufig dazu neigen, solche Dinge wie Wettbewerb, Aufstieg, Erfolg um jeden Preis für ihre Kinder in den Vordergrund zu stellen.

Damit will ich keine Eltern verteufeln, die, wie ich sehr wohl weiß, häufig ein hohes Maß an Geld, Zeit und Energie opfern, damit die Kinder ihren Sport ausüben können. Aber niemand sollte die Werte aus den Augen verlieren, die den Sport eigentlich ausmachen. Einen Wert etwa wie die ehrenvolle Niederlage, zugegeben ein etwas bitterer, harter, lästiger Wert, der aber akzeptiert, ja kultiviert werden muss.

Vor diesem Hintergrund sind wohl meine Worte an Miyamoto nach der Partie Japan gegen Türkei zu sehen, oder auch meine vollkommen spontane Geste, als ich dem niedergeschlagen am Boden hockenden Bayern-Spieler Sammy Kuffour aufhalf, als seiner Mannschaft in der Nachspielzeit der schon sicher geglaubte Sieg im Champions-League-Finale 1999 in Barcelona gegen Manchester United noch aus den Händen geglitten war.

Ein Schiedsrichter jubelt nicht

Hätte ich Bilder für einen Fernsehspot zur Förderung der Kultur des Sports auszuwählen, würde ich die Szenen nach dem Schlusspfiff des Spiels Türkei gegen Südkorea nehmen, als die türkischen Spieler ihre unterlegenen Gegner auf die Ehrenrunde mitnahmen, um gemeinsam zu feiern, was beide Mannschaften als Riesenerfolg werten konnten, also das Erreichen des Spiels um den dritten Platz bei einer Weltmeisterschaft. Als sie danach bei der Siegerehrung auf dem Podest standen, hatten einige von ihnen, wie Bulent und Abdullah, ihre Kinder bei sich, trugen sie auf den Schultern und lieferten so ein wirklich ergreifendes Bild. Diese Szene war so schön, dass ich fast ein wenig Neid verspürte auf diese Sportler, denen es vergönnt war, ihre Freude mit den Menschen, die ihnen am nächsten stehen, zu teilen.

Bekanntermaßen gilt die Auffassung: Schiedsrichter haben nicht zu jubeln. Obwohl nach dem von mir geleiteten Endspiel auch »mein Team« eine Anerkennung erhielt, die zwar unbedeutend erscheinen mag, für uns aber von großer symbolischer Bedeutung war. Im FIFA-Reglement ist das Protokoll von Siegerehrungen genauestens geregelt, und uns war gesagt worden, wir sollten vor der Ehrung der Spieler nur kurz auf das auf dem Spielfeld aufgebaute Podest steigen, um von FIFA-Präsident Blatter die Medaillen in Empfang zu nehmen, die der Schiedsrichter und die Assistenten des WM-Finales traditionell überreicht bekommen.

Darauf waren wir eingestellt, doch als wir dann auf dem Podest standen, kam die Überraschung. Der Stadionsprecher stellte uns vor, und das Publikum reagierte tatsächlich mit Ovationen. Eine große Genugtuung für uns und für Präsident Blatter die Gelegenheit, das Protokoll Protokoll sein zu lassen: Anstatt uns die Medaillen zu überreichen, hängte er sie uns um den Hals. Es mag nichtig erscheinen, doch für uns hatte diese Geste eine tiefe Bedeutung, denn so wurden auch wir zu gefeierten Siegern, nicht viel anders als die Spieler der beiden Finalisten. Die Überraschung, die mich fast auf einer Stufe des Podests ins Straucheln brachte, war noch nicht zu Ende. Blatter bedeutete uns, noch einmal für die Fotografen und das Fernsehen mit den Medaillen um den Hals nebeneinander Aufstellung zu nehmen und den Beifall des Publikums zu genießen.

Eine wohltuende Ehrung für uns auf dem Platz und indirekt auch für alle Schiedsrichter auf der Welt, die ihre schwierige Rolle aufgewertet sahen. Es war ein wunderbarer Moment, und er wäre perfekt gewesen, hätte ich ihn mit meiner Familie teilen können. Doch ich fand auch so einen Weg, meiner Frau und meinen Kindern, die in 13 000 Kilometer Entfernung vor dem Fernsehapparat zuschauten, zu zeigen, wie nahe ich mich ihnen fühlte, und zwar mit einem raschen Kuss auf den linken Ringfinger, an dem der Ehering getragen wird, damit sie sahen, dass ich auch in diesem großen Moment der Freude an sie dachte.

An dieser Stelle einige Anmerkungen zu der ungeschriebenen Regel, nach der der Unparteiische und »sein Team« nach einer gelungenen Vorstellung nicht vor aller Augen jubeln sollten. Ich erinnere mich da an eine Reihe bissiger Kommentare zu der im Übrigen sehr verhaltenen Freudenbekundung eines italienischen Schiedsrichters nach einem wichtigen Spiel, von dem er wohl spürte, dass er es gut geleitet hatte. Ich teile diese negative Einschätzung nicht: Es handelte sich hier um eine spontane, natürliche Reaktion. Selbstverständlich müssen wir Schiedsrichter uns im Klaren sein über die Rolle, die wir auf dem Platz einnehmen, und Freudenbekundungen, die über ein gewisses Maß hinausgehen, wären mit Sicherheit unpassend und unschön. Doch wenn die Rolle des Schiedsrichters der der Sportler, die an dem Wettkampf teilnehmen, angemessen sein soll, wenn also die Leistungen, die uns abverlangt werden, denen der Athleten näher sein sollen als denen von emotionslosen Richtern in ihren langen Roben, so ist es vollkommen verständlich, dass man auch mal so emotional wie ein Sportler reagiert, also die Freude über eine gute Leistung zum Ausdruck bringt. Das heißt ja nicht, das Trikot über den Kopf zu ziehen und jubelnd auf den vierten Offiziellen zuzurennen und ihn zu umarmen. Aber warum sich aufregen oder verständnislos den Kopf schütteln, wenn jemand, der die ganze Woche über wie ein Profisportler lebt, trainiert, ins Trainingslager fährt, etwas von den typischen Verhaltensweisen und Reaktionen der Spieler annimmt? Ganz zu schweigen davon, dass ein größeres Verständnis den »Gefühlsausbrüchen« der Spielleiter gegenüber auch auf Seiten der Spieler ein Zusammengehörigkeitsgefühl fördern würde mit jenen Männern, die wie sie selbst, wenn auch in einer anderen Rolle, ihr Bestes geben, um zum Erfolg der gemeinsamen Show »Fußball« beizutragen.

»Der etwas andere Weg, Sport zu treiben«, so lautete vor einigen Jahren ein Werbeslogan, der darauf abzielte, neue Schiedsrichter zu gewinnen. Heute ist dieser Weg, zumindest auf Profiebene, vielleicht nicht mehr ganz so anders.

Momentaufnahme vom Finale

Mein WM-Finale in Japan. Ich habe schon einiges darüber erzählt, aber selbstverständlich gibt es da eine Fülle von Details und viele weitere Bilder, die die Erinnerung an jenen magischen Abend ausmachen, der mit Sicherheit einzigartig in meiner Karriere bleiben wird.

Da ist zum Beispiel eine Episode, die mir, wenn auch sportlich unbedeutend, bezeichnend für diese Atmosphäre scheint. Und sie erhellt vielleicht etwas von der Art und Weise, wie ich meine Rolle als Schiedsrichter zu interpretieren versuche.

Ich meine die hübsche Szene mit Edmilsons Trikot.

Also, wir sind mitten im Endspiel. Ich bemerke einen brasilianischen Spieler mit zerrissenem Trikot und bitte ihn, es zu wechseln. Vom Spielfeldrand wird ihm ein neues gereicht, er zieht das zerrissene aus, und nun beginnt ein merkwürdiger »Armtanz« in dem Versuch, dieses Trikot überzuziehen. Denn es »verknotet« sich, und aus dem Trikotwechsel wird mehr und mehr ein lustig anzusehender Kampf. Ein Versuch, zwei Versuche, nichts zu machen. Das Trikot denkt gar nicht daran, sich zähmen zu lassen, trotz der helfenden Hände einiger Mitspieler. Dann endlich schlüpft der Kopf des Spielers triumphierend durch den Kragen. Ein erleichtertes »Oh« geht durchs Publikum, das sogleich in allgemeines Gelächter umschlägt; Edmilson hat das Trikot an, aber links herum. Wieder einige unsichere Momente, dann endlich steht der Spieler korrekt gekleidet auf dem Feld. Wohlwollender Applaus von den Rängen belohnt ihn, als habe er gerade einen spektakulären Fallrückzieher in den Maschen versenkt. Das Finale kann weitergehen.

Ich erzähle diese kleine Anekdote nicht nur, weil sie wirklich kurios und nett war. Es geht mir auch um eine etwas ernstere Betrachtung. Hätte ich die Regeln buchstabengetreu angewendet, hätte Edmilson das Spielfeld verlassen müssen, um dann mit dem neuen Trikot am Leib wieder ins Geschehen eingreifen zu können. Damit hätte ich jedoch seine Mannschaft bestraft. Und die Bestrafung eines WM-Finalisten wegen eines Trikottauschs wäre der Atmosphäre dieses Spiels völlig unangemessen gewesen. Ich hätte den Geist des Fairplay verraten, den beide Mannschaften auf dem Spielfeld zeigten. So nahm ich lieber ein wenig Zeitverlust in Kauf – auch wenn ich nicht damit gerechnet hatte, dass sich ein Trikotwechsel zu einer solchen Verrenkungsübung auswachsen würde –, als das Risiko einzugehen, mit einer allzu pingeligen Regelauslegung die angenehme Atmosphäre jenes großen Abends zu zerstören.

II DIE VORBEREITUNG

Lauf, Schiri, lauf

Vorbereitung ist das Schlüsselwort meiner Auffassung vom »Schiedsrichterhandwerk«. Um ein Spiel so gut wie überhaupt möglich zu leiten, muss man sich darüber im Klaren sein, was die Aufgabe von einem verlangt, und sich in der optimalen Verfassung befinden, um ihr gerecht werden zu können. Und das bedeutet Engagement, Arbeit, Konzentration.

Es bedeutet, nichts dem Zufall zu überlassen.

Bei Vorbereitung denkt man automatisch ans Laufen, denn in der Tat ist das, was ein Schiedsrichter neunzig Minuten lang auf dem Fußballplatz zu tun hat, laufen, laufen, laufen. Speziell im modernen Fußball, der in ziemlich rasantem Tempo mit hoher Intensität und mit häufig an die Grenzen gehendem Kampfgeist gespielt wird, muss ein Schiedsrichter konditionell so vorbereitet sein, dass er jederzeit das Tempo mitgehen und in optimaler Verfassung und Position seine Entscheidungen treffen kann.

Allein in den letzten fünfzehn Jahren hat sich das Tempo noch einmal enorm verschärft. Man sehe sich nur mal eine Videoaufzeichnung von früher an: Im ersten Augenblick fragt man sich, ob der Rekorder kaputt ist, weil die Bilder so verlangsamt erscheinen. Es sind aber die Spieler, die heute noch schneller agieren; sie denken nicht darüber nach, was sie tun, sondern stützen sich auf Abläufe, die im Training unzählige Male wiederholt wurden. Manchmal haben sie noch nicht einmal Zeit, vor dem Pass den Kopf zu heben. Daher orientiert man sich in den letzten Jahren immer mehr nicht nur an der Farbe der Trikots, sondern auch an der von Hosen und Strümpfen, weil nur noch daran Mitspieler und Gegenspieler auseinander zu halten sind. Aus diesem Grund, um Verwechslungen zu vermeiden, wurden auch wir Schiedsrichter in den letzten Jahren gebeten, statt der klassischen schwarzen Strümpfe farbige Modelle zu tragen.

Ein Schiedsrichter muss wissen, dass die letzten Minuten eines Spiels für ihn die prekärsten sind. Denn aufgrund der körperlichen Erschöpfung häufen sich bei den Spielern die Fehler, und es kommt zu Fehlpässen, ungestümen Tacklings, misslungenen Dribblings und dergleichen mehr. Solche Fehler aber sind häufig der Auslöser für eine Regelwidrigkeit, die der Schiedsrichter ahnden muss. Gerade die Zahl der Fouls erhöht sich mit der zunehmenden Ermüdung der Spieler. Das bedeutet für den Unparteiischen, gerade in der letzten Phase eines Spiels besonders aufmerksam und körperlich und geistig noch fit genug zu sein, um auch in den umstrittensten Situationen richtig entscheiden zu können.

Nun versteht es sich von selbst, dass ein Schiedsrichter, der das ganze Spiel über gelaufen ist, zu Ende der neunzig Minuten müder ist als zu Beginn.

Aber ein Unparteiischer kann eben nicht in der siebzigsten Minute den Arm heben, sich zur Bank umdrehen und dem Trainer andeuten, er solle ihn auswechseln. Daher muss er in der konditionellen Vorbereitung auch diesen Umstand berücksichtigen, damit er auch die letzten Minuten des Spiels mit klarem Kopf und unbeeinträchtigter körperlicher Verfassung leiten kann. Denn gerade dann können Entscheidungen zu treffen sein, die besonders schwer wiegen, weil in den wenigen verbleibenden Minuten die Folgen kaum noch auszugleichen sind. Etwa ein Tor in den letzten Sekunden, wenn die Gegenmannschaft praktisch keine Aussichten mehr hat, das Ergebnis noch einmal umzudrehen.

Da noch keine Pille erfunden wurde, mit der Fitness ohne viele Trainingsstunden zu erreichen ist, kommt der Arbeit unter der Woche auf dem Platz eine entscheidende Bedeutung zu. Mittlerweile kann ich als Schiedsrichter auf eine ziemlich lange Karriere zurückblicken. Seit über fünfundzwanzig Jahren bin ich tätig und darf wohl als recht zuverlässiger Zeuge für die großen Veränderungen auf dem Gebiet der athletischen Vorbereitung gelten.

Als ich zu pfeifen begann – und noch bis zum Erreichen der überregionalen Spielklassen –, legte man viel weniger Aufmerksamkeit auf die körperliche Vorbereitung. Wahrscheinlich weil der Fußball jener Jahre keine außergewöhnlichen Anforderungen an die Fitness der Schiedsrichter stellte und man auch mit weniger häufigem und weniger intensivem Training als heute sonntags eine passable Leistung abliefern konnte. Ich erinnere mich, dass ein paar Trainingseinheiten in der Woche die Regel waren, und wenn mal eine Stunde ausfiel, weil es zu kalt war oder etwas dazwischenkam, war das kein Grund, sich Gedanken zu machen.

Heute sieht das anders aus, und so lautet mein Rat, den ich normalerweise jungen Schiedsrichtern zu Beginn ihrer Laufbahn mit auf den Weg gebe, sogleich mit voller Intensität zu trainieren, denn die Vorteile eines harten, kontinuierlichen Trainings zahlen sich auf lange Sicht aus. In höherem Alter kann man dann ein wenig von der »Rendite leben«, weil man seinen Organismus bereits an eine gewisse Belastung gewöhnt hat.

Umgekehrt ist es sehr viel schwieriger. Ein wenig trainierter Körper lässt sich in höherem Alter nur noch mit großem Aufwand auf ein intensiveres Training umstellen.

Um zu verstehen, wie viel Wert heutzutage der körperlichen Verfassung der Unparteiischen beigemessen wird, braucht man sich nur einmal die ausgefeilten Leistungstests anzusehen. Greifen wir einen Test heraus, der üblicherweise auf FIFA-Ebene eingesetzt wird, um den Trainingszustand der Schiedsrichter zu messen, den Cooper-Test: Dabei handelt es sich um einen Belastungstest, in dem unter anderem in zwölf Minuten eine bestimmte Distanz zu laufen ist. In den letzten zehn, fünfzehn Jahren wurde die verlangte Minimaldistanz immer weiter gesteigert. Wurden vor der WM 1990 in Italien noch 2400 Meter gefordert, so sind es heute bereits 2700 Meter. Bei den Tests vor der letzten WM lag die durchschnittlich von den nominierten Schiedsrichten zurückgelegte Distanz aber bei über 3000 Metern, also erheblich über dem verlangten Minimum. Und bis vor zehn Jahren waren es noch nicht viele, die weiter als 2700 Meter kamen.

Und Gleiches gilt für die Tests über die Sprintstrecken, also 50 und 200 Meter, die vor der WM in weniger als sieben beziehungsweise weniger als 32 Sekunden zu laufen waren und von allen weit unterboten wurden. Das führte dazu, dass sich mittlerweile eine Änderung der Tests abzeichnet, um die Leistungsfähigkeit der Schiedsrichter auf eine Weise zu messen, die den Anforderungen des modernen Fußballs noch gerechter wird.

Kürzlich wurde in Italien, wie auch in anderen Ländern, der so genannte »Jojo-Test« eingeführt. Dabei handelt es sich um einen Pendellauf, bei dem so oft wie möglich eine Strecke von zwanzig Metern hin und zurück, also vierzig Meter, mit einer Erholungspause von zehn Sekunden dazwischen, zu laufen ist. Man startet mit einer bestimmten Geschwindigkeit, die von einem Piep-Ton vorgegeben wird, der in dem Moment ertönt, da man eine Distanz von zwanzig Metern zurückgelegt haben muss. Die Abstände werden immer kürzer, so dass man unweigerlich irgendwann erst nach dem Piep die Marke erreicht, womit man dann ausgeschieden ist. Mit diesem Belastungstest mit Höchstanforderungen lässt sich die Verfassung jedes Kandidaten besonders praxisnah messen.

Auch die medizinischen Untersuchungen sind viel akkurater geworden: Herz, Blut, Muskeln, Muskelfasern – von der Herzfrequenz bis zum Gewicht, vom Laktattest bis zur Dauer der Erholungsphasen nach Belastung, alles wird regelmäßig kontrolliert und ausgewertet.

Also präzisere Tests, aber natürlich auch ausgefeiltere Trainingsmethoden. Was früher einmal dem Zufall oder bestenfalls der Initiative des Einzelnen überlassen blieb, wird heute systematisch von Konditionstrainern geplant und ausgearbeitet, unter Berücksichtigung neuester Erkenntnisse, mit unterschiedlichen Belastungen im Saisonverlauf und im Laufe der Woche, je nach dem Aspekt, auf den es gerade ankommt, um ein optimales Resultat auf dem Platz zu erreichen.

Der italienische Schiedsrichterverband *Associazione Italiana Arbitri*, kurz AIA, hat vor über zehn Jahren damit begonnen, ein Netz über das ganze Land verteilter Trainingszentren aufzubauen, in denen speziell auf Schiedsrichter und Assistenten der Serien A und B (erste und zweite Liga) zugeschnittene Lehrgänge angeboten werden, an denen aber auch Unparteiische der unteren Spielklassen teilnehmen können.

In jedem dieser Zentren leitet ein Konditionstrainer das Training, der zu einem Team gehört, das, unter der Leitung eines Gesamtverantwortlichen, alle Schiedsrichter mit den gleichen Trainingsinhalten versorgt und regelmäßige Tests durchführt. So wird eine homogene Trainingssteuerung sichergestellt, die aber auch den unterschiedlichen Anforderungen, die der Verlauf der Meisterschaft mit sich bringt, gerecht wird.

Trainingseinheiten und Tests sind auch zentrale Punkte der Lehrgänge, an denen wir mindestens alle zwei Wochen, oft auch häufiger, im Trainingszentrum des italienischen Fußballverbandes in Coverciano teilnehmen.

Bei diesen Lehrgängen stehen während der Saison einige Leistungstests sowie jeweils zwei Trainingseinheiten mit unterschiedlichen Schwerpunkten auf dem Plan, je nachdem, ob ein Schiedsrichter in einer der Begegnungen am Wochenende angesetzt ist.

Auch die Vorbereitung während der Sommerpause wird akkurat geplant: Seit 1991 findet für die Schiedsrichter und Schiriassistenten der Serien A und B ein zwölftägiges Trainingslager in Sportilia, Provinz Forlì, im toskanisch-emilianischen Apennin statt, bei dem täglich zwei Trainingseinheiten absolviert werden.

Ganz ähnliche Kriterien und Methoden wurden in letzter Zeit auch von der FIFA und der UEFA übernommen. So sorgt nun zum Beispiel ein Team unter der Leitung von Fitnesstrainer Professor Werner Helsen dafür, dass Schiedsrichtern aus ärmeren Verbänden mit weniger Möglichkeiten, in den Genuss exakt strukturierter Trainingsprogramme zu kommen, wöchentlich per E-Mail ein persönlicher Trainingsplan zugeschickt wird.

Werner Helsen war selbst Erstliga-Spieler in Belgien und danach als Trainer in der zweiten belgischen Liga tätig. Mittlerweile ist er Dozent für Bewegungslehre an der Universität Löwen.

Vor der EM 2000 beauftragte ihn die UEFA mit der konditionellen Vorbereitung der Schiedsrichter für das Turnier, was er so überzeugend erledigte, dass sogleich seine Wiederverpflichtung für die WM 2002 angeregt wurde.

Um all die Schiedsrichter und Assistenten aus den verschiedensten Herkunftsländern unter einen Hut zu bringen, ließ die FIFA gleich nach dem ersten Vorbereitungsworkshop im März 2002 durch Professor Helsen jedem von uns einen wöchentlichen detaillierten Trainingsplan zukommen. Mit dem zweifachen Ziel, uns zum einen auf die Begegnungen der jeweils noch laufenden Landesmeisterschaften und zum anderen natürlich auf die WM vorzubereiten.

Alle Trainingsdaten wie die Herzfrequenz waren festzuhalten und sollten dann wöchentlich in den Computer eingegeben und der FIFA per E-Mail zugesandt werden. Auf diese Weise wurde der Trainingverlauf aller Schiedsrichter, obwohl über die ganze Welt verstreut, kontrolliert und gespeichert.

Bei der Trainingsgestaltung während des Turniers wurden dann die Belastungen genau auf die Erfordernisse des einzelnen Unparteiischen abgestimmt, je nach der zeitlichen Distanz zur vorherigen beziehungsweise nächsten Partie, die zu leiten war. Und ich muss sagen, die Erfolge dieser akkuraten körperlichen Vorbereitung waren nicht zu übersehen: Nicht nur zeigten die Kontrolltests hervorragende Ergebnisse, auch Muskelverletzungen konnten in unserem Team vollkommen vermieden werden.

Es ist gar nicht so leicht, sich in einem vierzigtägigen Turnier durchgehend topfit zu fühlen. Vor allem für uns

Europäer, die wir schon eine lange, schwere Saison in den Beinen hatten. Und wenn dies gelingt, ist dies zweifellos auch den ausgefeilten Trainingsmethoden zu verdanken.

Dennoch bleibe ich weiterhin bei der Überzeugung, dass der beste Trainer des Schiedsrichters, und ebenso des Spielers, immer noch er selbst ist. Man muss sich kennen und in sich hineinhorchen, um immer zu wissen, wann man, natürlich im Rahmen der gemeinsamen Vorgaben, etwas mehr Gas geben oder eher bremsen muss. Der menschliche Organismus ist keine Maschine, die, richtig eingestellt, immer im perfekt gleichen Rhythmus läuft. So ist es unerlässlich, eine ausgeprägte Fähigkeit der Selbsteinschätzung zu entwickeln. In dieser Hinsicht bin ich auch mehr als zufrieden mit der »Justierung«, die ich zusammen mit meinem persönlichen Fitnesstrainer Alessandro Renai erarbeitet habe, der mich seit vielen Jahren schon in Viareggio betreut. Die Erfolge, die ich erringen konnte, sind zum großen Teil auch sein Verdienst.

Ist eine optimale athletische Vorbereitung im Spitzenfußball unverzichtbar, so kommt ihr meiner Überzeugung nach auch auf den darunter liegenden Ebenen ein hoher Wert zu. Nur auf diesem Weg kann man sich als Schiedsrichter weiterentwickeln. Sie ist wie ein Gut, das man langsam aufbaut und das sich im Laufe der Jahre bezahlt macht. Ich bin sicher, hätte ich zu Beginn meiner Karriere die gleichen Trainingsmöglichkeiten wie heute gehabt, fiele es mir noch leichter, mich auf dem Spielfeld gut zu fühlen. Ich wäre noch weniger angestrengt, als ich es heute ohnehin schon bin.

Jungen Leuten, die noch in den Anfängen stehen, möchte ich ein kleines Geheimnis meines Jobs verraten: zu trainieren, wenn man nicht müde ist. Gewiss, wer beruflich voll eingespannt ist, wird tagsüber schlecht an seiner Kondition arbeiten können. Und wenn man dann nach einem schweren Arbeitstag bereits mit sowohl körperlichen wie auch mentalen Ermüdungserscheinungen auf den Platz geht, um sich weiter körperlich anzustrengen, das heißt, die Erschöpfung noch zu steigern, kann man an seine Grenzen kommen. Dann ist man schon mal versucht, alles hinzuschmeißen. »Schluss, aus, das war's«, sagt man sich, »für heute lass ich es, ich kann nicht mehr.« Sehr viel sinnvoller ist es da, wenn man es irgendwie ermöglichen kann, zu einer Tageszeit zu trainieren, da man durch den Job noch nicht zu müde ist. Am frühen Nachmittag zum Beispiel, jener Tageszeit also, zu der auch üblicherweise sonntags zu pfeifen ist, oder während der Mittagspause, vor allem für die, die vielleicht ein paar Kilos zu viel mit sich herumschleppen.

Mir persönlich behagt es nicht, allein zu trainieren. Gerade in mentaler Hinsicht finde ich das außerordentlich anstrengend, und umso bedeutsamer ist es für mich, immer Trainingspartner zu finden.

Durch unsere »Trainingszentren« ist dies während der Saison noch kein Problem; es wird aber schon komplizierter im Hinblick auf die großen Turniere, die ja erst beginnen, wenn die Meisterschaft beendet ist und die gewohnten Trainingspartner schon im Urlaub sind.

Dann heißt es, irgendeinen »Freund« zu finden, der bereit ist, sich zu opfern und die wohlverdienten Ferien zu verschieben, um mit einem selbst noch eine Weile weiterzuschwitzen.

Die Regeneration

Angesichts der beachtlichen körperlichen Anforderungen an den Schiedsrichter kommt den Regenerationsphasen, sowohl während als auch nach der Saison, eine große Bedeutung zu.

In der Sommerpause sollte man keinesfalls den Fehler machen, vollkommen loszulassen, also die sportlichen Aktivitäten für einen längeren Zeitraum ganz zu unterbrechen.

Es gilt, weiterhin »etwas zu tun«, am besten etwas, das Abwechslung vom Laufen bringt, wie Fahrradfahren oder Schwimmen. Was das Schwimmen betrifft, sei noch am Rande erwähnt, dass ich, obwohl ich am Meer lebe, keine ausgesprochene Wasserratte bin. Eher im Gegenteil. Doch Schwimmen hin oder her, worauf es ankommt, ist, sich weiter locker in Bewegung zu halten. So gönnt man den Gelenken, den Knöcheln oder Knien, die die Saison über genug beansprucht wurden, eine Pause, erhält sich andererseits aber einen zufrieden stellenden Muskeltonus und eine gute aerobische Ausdauer, ideale Voraussetzungen, um dann leichter und ohne große Mühe zur Vorbereitung für die neue Saison wieder durchzustarten.

Und auch während der Spielzeit kann es sinnvoll sein, eben um bestimmte Gelenke zu entlasten, regelmäßig zum Laufen alternative Vorbereitungsformen zu wählen, so zum Beispiel Wasserjogging mit einer speziellen Schwimmweste, die einen leichter über Wasser hält.

Die Regeneration ist integrativer Bestandteil jeder Vorbereitung. Speziell bei einem Sportler wie mir, der kein Jüngling mehr ist, verlangt der Tag nach dem Spiel besondere Aufmerksamkeit. Zum einen in punkto Ernährung, um die Kohlehydratspeicher wieder aufzufüllen, zum anderen hinsichtlich der allgemeinen Wiederherstellung der physischen und psychischen Kräfte. Dies kann durch eine Sitzung bei einem Physiotherapeuten oder durch spezielle Trainingsformen erreicht werden.

Insbesondere die Hilfe eines Physiotherapeuten, also des klassischen Masseurs, spielt hier eine wichtige Rolle. Um die Erholung zu beschleunigen und Probleme mit Muskeln, Sehnen und Bändern zu verhindern, sind mir die geschickten Hände meines Masseurs Marco Terzi unverzichtbar.

Besonders wichtig ist eine rasche Regeneration nach internationalen Begegnungen, speziell wenn sie mitten in der Woche stattfinden und schon ein weiterer Einsatz am nächsten Wochenende geplant ist.

Das Spiel ist normalerweise abends zu leiten, und am Tag darauf, bei der Rückreise nach Italien, verbringt man oft so viele Stunden im Flugzeug oder im Auto, dass die Beinmuskulatur durch das lange Sitzen zu Verhärtungen neigt. Nimmt man dann zu Hause das übliche Training wieder auf, ist die Anstrengung noch nicht vollkommen verarbeitet.

Hier halte ich es für extrem nützlich, am Morgen nach einem Wettkampf das Hotel-Fitnessstudio, falls es das gibt, aufzusuchen und zwanzig Minuten auf dem Laufband langsam auszulaufen oder auf dem Hometrainer Rad zu fahren. Wenn möglich, kehre ich auch gerne noch einmal auf den Platz, wo ich am Abend zuvor das Spiel geleitet habe, zurück, um eine halbe Stunde zu laufen oder Stretching zu machen, so dass sich die Beine, aber auch der übrige Körper, lockern können. So gehe ich die Reise weniger verkrampft an und bin am Tag drauf in besserer Verfassung, wenn schon wieder das Training im Hinblick auf den nächsten Einsatz bei der italienischen Meisterschaft beginnt.

Die Ernährung

Ein weiterer Aspekt der Vorbereitung, dem heute viel größere Bedeutung als früher beigemessen wird, ist eine den Belastungen angemessene Ernährung. Kein Schiedsrichter muss zum Asketen werden, aber ich habe gelernt, dass die richtige Ernährung, nicht bloß vor und nach dem Spiel, sondern auch unter der Woche, entscheidend ist für jemanden wie mich, von dem Leistungen wie von einem Leistungssportler erwartet werden.

Und Sportler führen eben ein Sportlerleben …

Ich bin kein Arzt, doch die Erfahrungen, die ich persönlich gesammelt habe, können vielleicht manch einem Anregungen für eine gesündere Ernährung geben.

Grundlage ist die einfache Regel, nach der unser Körper mit den richtigen Nährstoffen versorgt werden muss. So wie ein Auto mit dem richtigen Benzin oder Diesel betankt werden will, verlangt auch unser Organismus, der im Grunde nichts anderes ist als eine technisch hoch entwickelte Maschine, eine ebensolche Aufmerksamkeit bei der Versorgung mit dem richtigen »Kraftstoff«. Auch in dieser Hinsicht hat sich in den letzten Jahren ein erstaunlicher Wandel vollzogen. Als »richtig« galt bis vor nicht allzu langer Zeit noch geschälter Reis und ein deftiges Steak, eine Ernährung, die, da ist man sich heute einig, als grundfalsch angesehen werden kann, vor allem als Mahlzeit vor dem Spiel. Schließlich zählt Fleisch zu den Nahrungsmitteln, die am langsamsten verdaut werden. So kann es dem Körper nicht die notwendige Energie bereitstellen, um eine höhere körperliche Belastung optimal durchzustehen.

Die Nahrung eines Sportlers, oder auch speziell eines Schiedsrichters, muss in ausreichendem Maße und im passenden Verhältnis zueinander vor allem Kohlehydrate als Energielieferanten, aber auch Eiweiß und Fette enthalten. Zusammen mit Mineralien und Vitaminen sowie einer ausreichenden Versorgung mit Flüssigkeit sind dies die Komponenten, aus denen sich eine abwechslungsreiche und ausgewogene Ernährung zusammenstellen lässt.

Um die Sache zu vertiefen, wäre es wohl besser, den Ball an Ärzte und Ernährungsberater zurückzuspielen. Ich von meiner Seite möchte nur noch einige subjektive Details zu meinen Essgewohnheiten und persönlichen Vorlieben und Abneigungen anfügen. Es gibt Schiedsrichter, die am Sonntag praktisch fasten. Ich nicht. Bei mir besteht eher die Gefahr, dass mir die Kräfte schwinden, wenn ich vor dem Spiel nicht genug esse. Gewiss, ich muss mein Mittagessen zu einer »vernünftigen« Zeit einnehmen. Das heißt, wenn ich um 15.00 Uhr anpfeife, esse ich ungefähr um 11.15 Uhr. Normalerweise eine Pasta mit Tomatensauce oder auch nur Olivenöl und danach ein Stück Crostata, ein Mürbeteigkuchen, mit Marmelade. Diese Mahlzeit ist dermaßen wichtig für mich, dass ich die Wahl des Hotels am Spielort davon abhängig mache, ob ich um diese Tageszeit, da die meisten anderen Hotelgäste noch frühstücken, zu Mittag essen kann.

Findet die Begegnung allerdings abends um 20.30 Uhr statt, muss das Mittagessen, das ich dann um halb eins, Viertel vor eins einnehme, etwas reichhaltiger sein. Dann lasse ich mir nach der Pasta als zweiten Gang noch einen Teller mit Fisch oder Schinken bringen, und manchmal schiebe ich nachmittags gegen fünf, halb sechs sogar noch eine kleine Zwischenmahlzeit ein.

Mindestens ebenso wichtig ist die Mahlzeit nach dem Spiel, wenn es gilt, dem Körper die während der neunzig Minuten verlorenen Energien wieder zuzuführen, ihn dabei aber nicht zu schwer zu belasten. Hier greife ich gern auf Obst zurück. Es hat daneben noch den Vorteil, dass man weniger trinken muss und so den unangenehmen Effekt »Wasserbauch« vermeidet. Es versteht sich fast von selbst, dass ich mich nach dem Obst schon wieder auf meine übliche Pasta freue, auf die ich einfach nicht verzichten kann.

Zu gewissen Zeiten im Jahr, wie etwa beim Wechsel der Jahreszeiten, oder auch in speziellen klimatischen Situationen mit extremen Temperaturen oder hoher Luftfeuchtigkeit und ebenso in bestimmten Momenten der Vorbereitung kann es sinnvoll sein, die Ernährung mit Vitaminen oder speziellen Produkten zu ergänzen. So hat der Organismus die Möglichkeit, sich rascher zu erholen. Wobei natürlich gut darauf zu achten ist, was auf dem Beipackzettel steht, um gegen unliebsame Überraschungen gefeit zu sein. Auf alle Fälle sollte man sich vorher immer mit einem Sportmediziner beraten.

Es dürfte schon klar geworden sein, dass auch ich, wie jeder echte Italiener, meine Pasta liebe. Es wäre wirklich viel von mir verlangt, auf meinen täglichen Teller Spaghetti oder Penne zu verzichten, so dass ich auch gute Miene zu jenen vagen Nachahmungen mache, die mir zuweilen bei meinen Reisen in alle Welt serviert werden.

Vor der letzten WM schien mir das Risiko, eine Zeit lang ohne Pasta auskommen zu müssen, besonders hoch. Doch zum Glück gab es an der Pastazubereitung des japanischen Küchenchefs in unserem Hotel in Kisarazu, in der Nähe von Tokio, wirklich nichts auszusetzen. Mittlerweile haben es sich ja fast alle europäischen Schiedsrichter zur Gewohnheit gemacht, am Tag des Wettkampfs eine Pasta all'italiana zu bestellen, und Kellner und Restaurantbesitzer in Schweden oder Frankreich, Deutschland oder Spanien wissen bereits, wenn eine Gruppe Schiedsrichter ihr Lokal betritt, dass es nun gilt, eine leckere Pastasciutta auf den Tisch zu bringen.

Jagen kann man mich hingegen mit Huhn und jedwedem Geflügel. Sagt man nicht, ein Schiedsrichter muss für seinen Job wenigstens ein bisschen verrückt sein? Na bitte, damit wäre die Regel wieder bestätigt. Tatsächlich ist mir die Vorstellung, Fleisch von einem Tier mit Federn zu essen, absolut unerträglich. Das hat nichts mit dem Geschmack zu tun und auch nicht mit einer speziellen Tierliebe. Es ist einfach eine Phobie; denn wüsste ich nicht, was ich auf dem Teller habe, hätte ich kein Problem damit, das Fleisch zu essen.

Vielleicht beweist das auch, dass ich kein großer Feinschmecker bin. Für mich ist Kochen und Essen kein heiliger Ritus, und ich mag es überhaupt nicht, länger als unbedingt nötig bei Tisch zu sitzen. Deshalb liebe ich auch kalte Buffets. Da kann ich frei entscheiden, wie lange ich mich wo aufhalten will.

Insbesondere bei internationalen Begegnungen planen meine Gastgeber jedoch häufig, nicht zuletzt, um ihre Gastfreundschaft unter Beweis zu stellen, große Essen im Restaurant, die sich über Stunden hinziehen und für mich die reinste Qual sind.

Daher mache ich sie von Anfang an höflich darauf aufmerksam, dass ich nur so lange wie nötig am Tisch sitzen möchte und nicht eine Minute länger.

Bescheid wissen

Die Vorbereitung eines Schiedsrichters erschöpft sich natürlich nicht im Aufbau und Erhalt der körperlichen Leistungsfähigkeit. Vorbereitung bedeutet auch, ganz genau zu wissen, worin die eigene Aufgabe besteht. Und da ein Fußballschiedsrichter eben im Fußball tätig ist, ist es Grundvoraussetzung, sich auf diesem Gebiet auszukennen. Sich im Fußball auszukennen bedeutet für uns in erster Linie, die Regeln zu kennen. Ein Schiedsrichter muss den Regeln Geltung verschaffen, heißt es, und da ist es eine pure Selbstverständlichkeit, dass er auf diesem Gebiet wirklich firm ist.

Würden aber Regelkenntnisse ausreichen, um in der Serie A pfeifen zu können, wäre es sehr einfach, es bis dorthin zu schaffen. Denn die siebzehn Regeln des Fußballspiels sind eigentlich nicht kompliziert. Die einzelnen Bestimmungen sind sehr knapp gehalten, und das Ganze passt in ein Büchlein von gerade mal fünfzig Seiten. Das Regelwerk ist wirklich dermaßen einfach, dass es nicht nur den Schiedsrichtern, sondern ruhig auch, anders als es gemeinhin der Fall ist, den Spielern und Zuschauern bekannt sein könnte. Das würde das Verständnis dessen, was auf dem Platz abläuft, merklich erleichtern.

Zwar sind die Regelkenntnisse die Grundlage, aber die möglichen Auslegungen sind vielleicht sogar noch wichtiger.

Der Ausdruck, den man bei Lehrgängen und Seminaren vor der Saison oder vor großen Turnieren am häufigsten hört, ist »*to be consistent*«, »konsequent sein«. Die subjektive Wahrnehmung und Beurteilung hat ja in der Tat großen Einfluss auf die Entscheidungen des Schiedsrichters, und so muss das Bemühen um *consistency* in der Regelauslegung, sich selbst und anderen gegenüber, Grundlage jeder Spielleitung sein. An diesem Ziel arbeiten wir intensiv, um zu erreichen, dass bestimmte Spielsituationen auf die gleiche Weise interpretiert und bewertet werden, sowohl vom einzelnen Schiedsrichter im Rahmen eines oder mehrerer Spiele als auch von allen Schiedsrichtern im Verlauf eines Turniers. Ein nicht leicht zu realisierendes Ziel, denn durch die subjektive Brille werden ähnliche Situationen schnell unterschiedlich wahrgenommen. Und wenn es dann ein Schiedsrichter selbst ist, der während eines Spiels widersprüchliche Entscheidungen trifft, wird die Sache noch schlimmer.

Selbstverständlich spielen hier auch das Fußballverständnis und die Mentalität der Schiedsrichter mit ihren unterschiedlichen Erfahrungen und Gewohnheiten eine Rolle, besonders wenn sie, wie bei einer WM, aus verschiedenen Ländern und Erdteilen kommen. Da zu einer gemeinsamen Linie zu finden ist kein leichtes Unterfangen.

Im Unterschied zu anderen Sportarten, in denen das Regelwerk sehr starr ist, gibt es im Fußball Regeln, die dem Schiedsrichter einen sehr großen Ermessensspielraum lassen.

Nehmen wir nur zum Beispiel die Nummer 11 der FIFA-Regeln, die sich mit dem Abseits beschäftigt. Hier heißt es, ein Spieler steht dann im Abseits, »wenn er der gegnerischen Torlinie näher ist als der Ball und der vorletzte Abwehrspieler«. Es sei denn, er befindet sich »in seiner eigenen Spielhälfte« oder »auf gleicher Höhe mit dem vorletzten Abwehrspieler« oder »auf gleicher Höhe mit den beiden letzten Abwehrspielern«. Hinzu kommen nähere Ausführungen zur Spielsituation. Denn eine Abseitsstellung gilt nur dann als Regelübertretung, wenn der Ball »zuletzt von einem Mannschaftskollegen berührt oder von einem gespielt wird« und »ein Spieler den Ball nicht direkt von einem Abstoß, einem Einwurf oder einem Eckstoß erhält«. Bis hierhin ist die Sache noch ganz klar.

Doch eine weitere Bedingung muss erfüllt sein, damit der Schiedsrichter auf Abseits erkennen kann. Und zwar sehen die Bestimmungen vor, dass der Spieler in der Abseitsposition »nach Ansicht des Schiedsrichters aktiv am Spielgeschehen teilnimmt«.

Und das ist häufig Interpretationssache. Kein Wunder also, dass sich hier die Sichtweise des Schiedsrichters zuweilen nicht mit der anderer deckt.

Und die Formulierung »nach Ansicht des Schiedsrichters« begegnet uns auch in einer anderen sehr wichtigen Regel, und zwar der Nr. 12, die sich mit »Verbotenem Spiel und unsportlichem Betragen« befasst. Hier ist es die Beurteilung der »offensichtlichen Torchance«, deren Verhinderung mit Platzverweis für den entsprechenden Spieler geahndet werden soll, die dem Schiedsrichter ein hohes Maß an eigener Interpretation überlässt.

Unsere Arbeit zielt darauf ab, einen für alle Schiedsrichter einheitlichen Bewertungsmaßstab, also eine gemeinsame Linie zu finden. Das versuchen wir durch vielerlei Mittel, etwa Filme, Videoaufzeichnungen, Situationsanalysen, Diskussionen etc. Das Ziel ist ganz klar umrissen: Es darf keine typisch italienische oder typisch englische, keine typisch spanische und keine typisch deutsche Spielleitung geben, sondern einen gemeinsamer Nenner, der für alle gilt. Die Treffen mit Schiedsrichtern aus anderen Ländern, bei denen über diese Dinge diskutiert und sich über die verschiedenen Interpretationen, die zuweilen auftauchen, auseinander gesetzt wird, sind dazu mit Sicherheit der beste Weg. Und ebenso, auf nationaler Ebene, unsere Lehrgänge in Coverciano, obwohl, das liegt in der Natur der Sache, das Ziel einer vollkommenen Homogenität noch lange nicht erreicht ist.

Das Phänomen der »offenen Grenzen« hat in den letzten Jahren dafür gesorgt, dass sich Spieler aus aller Herren Länder in den verschiedenen nationalen Meisterschaften verdingen. Dadurch verwischen sich die Eigenheiten der einzelnen Spitzenligen, auch wenn ein Spieler wohl eher die Mentalität des Landes annimmt, in dessen Meisterschaft er einsteigt, als dass er die seine auf die anderen überträgt.

Sicher besteht die Hauptbefähigung eines Schiedsrichters darin, sich dem anzupassen, was ein Spiel verlangt. Und das schließt nicht nur die Kenntnis der Regeln mit ein, sondern auch und vor allem die Kenntnis des Umfelds, in dem ein Schiedsrichter agiert.

Eine noch bessere Vorbereitung erreicht man dadurch, dass man den Fußball noch intensiver studiert und viele Spiele beobachtet und analysiert, die von einem selbst oder von anderen geleitet werden. Und das möglicherweise mit der Hilfe von Leuten, die sich noch besser auskennen, also den Trainern. In Italien haben wir sehr gute Erfahrungen mit der Einbindung von Trainern in die Aus- und Fortbildung von Schiedsrichtern gemacht. Das hilft sicher dabei, Mechanismen des Spiels, die technischen und taktischen Abläufe auf dem Feld, noch besser zu durchschauen.

Ich meine nicht, dass ein Schiedsrichter unbedingt einen Trainerlehrgang besuchen muss. Aber ich bin sicher, ein Schiedsrichter, der wirklich etwas vom Fußball versteht, ist besser als einer, der sich nur, und sei es noch so perfekt, im Regelwerk auskennt.

Zahlreiche regionale Verbände sind schon dazu übergegangen, Trainer bei jenen Lehrgängen mit einzubeziehen, an denen die im Amateurbereich tätigen Schiedsrichter verbindlich teilzunehmen haben.

Und die CAN, die *Commissione Arbitri Nazionale* (Nationale Schiedsrichterkommission), der ersten und zweiten Liga stützt sich mittlerweile schon seit einigen Jahren auf die Mitarbeit eines Verbandstrainers, Roberto Clagluna, der früher solch große Mannschaften wie Lazio oder AS Rom trainiert hat. Ich selbst halte seine Hilfe für unverzichtbar. Ebenso unverzichtbar ist es für einen Unparteiischen, die taktischen Eigenheiten der einzelnen Mannschaften, die er zu pfeifen hat, ihre Spielsysteme zu kennen. Denn ein Spiel entwickelt sich sehr unterschiedlich, je nachdem, ob eine Mannschaft in der 4-4-2-Aufstellung antritt, 3-4-3 oder gar 3-4-1-1, ob sie ständig mit einer möglicherweise weit vorgezogenen Abseitsfalle spielt, ob sie aggressives Pressing im Mittelfeld, vielleicht sogar bereits in der gegnerischen Hälfte praktiziert und dergleichen mehr. Für einen Schiedsrichter kann es zum Beispiel sehr nützlich sein, zu wissen, dass eine Mannschaft üblicherweise mit nur einem »wuchtigen« Stürmer spielt. Denn dessen Aufgabe wird wahrscheinlich darin bestehen, mit dem Kopf hohe Bälle an nachstoßende Mittelfeldspieler zu verteilen oder den Ball zu kontrollieren und seinen Gegenspieler zu beschäftigen, damit seine Mitspieler Zeit haben, weiter aufzurücken. Und ebenso nützlich kann es sein, zu wissen, dass eine Mannschaft mit nur drei Verteidigern in einer Linie spielt. Denn wahrscheinlich werden die Angreifer nun konsequenterweise das Spiel auf die freien Räume auf den Flügeln verlagern, um so die drei Verteidiger auseinander zu ziehen und die Verteidigung verwundbarer für Vorstöße aus dem Mittelfeld zu machen.

Diese Eigenheiten der Mannschaften prägen den Spielverlauf und verlangen vom Schiedsrichter, dass er ganz bestimmte Bereiche des Spielfelds besonders im Auge hat.

Vor einigen Jahren gab es in der italienischen Serie A eine Mannschaft, die gleich drei pfeilschnelle Angreifer aufbieten konnte, dazu einen Torhüter, der in der Lage war, sobald er in Ballbesitz kam, den Ball mit einem präzisen Abschlag von seinem Strafraum aus weit in die gegnerische Hälfte zu befördern. Das war das Team von Foggia unter Trainer Zemann, und die Stürmer waren Signori, Rambaudi und Baiano: Ein Schiedsrichter ohne Kenntnis dieser Taktik des schnellen weiten Abschlags durch den Torhüter, Mancini übrigens, musste sich, wenn er nicht zufällig über die Sprintqualitäten eines Hundert-Meter-Läufers verfügte, unweigerlich im Nu fünfzig Meter vom entscheidenden Punkt der Aktion, dem gegnerischen Strafraum, wiederfinden. Der weite Abschlag hatte ihn komplett vom Spiel abgeschnitten.

In den letzten Jahren sind auch Standardsituationen wie Frei- und Eckstöße immer wichtiger geworden. Hier bleibt nichts mehr dem Zufall überlassen, und es werden richtige Systeme gespielt. In diesen Situationen ist die Wahrscheinlichkeit eines Foulspiels besonders hoch, und daher muss der Schiedsrichter unbedingt versuchen, die Laufwege und Bewegungen der Spieler im Strafraum im Voraus zu erahnen.

Dies sind nur einige Beispiele, die zeigen sollen, wie vorteilhaft eine taktische Analyse der Mannschaften für den Schiedsrichter sein kann. Eine Analyse, die hinsichtlich italienischer Mannschaften leicht zu realisieren ist, zumal heutzutage ja alle Spiele mittels Pay TV und Pay for View im Fernsehen übertragen werden. So hat man die Möglichkeit, sie aufzunehmen und dann, wenn es die Zeit erlaubt, sich anzuschauen, um sich alle notwendigen Informationen zu beschaffen. Vor internationalen Begegnungen ist die Aufgabe etwas schwieriger, vor allem wenn es um Teams aus nationalen Meisterschaften geht, deren Spiele nicht in Italien übertragen werden. Da ein Schiedsrichter erst acht oder zehn Tage vorher über seine Ansetzung informiert wird, bleibt oft nicht genügend Zeit, sich aussagekräftiges Bildmaterial zu beschaffen.

Das ist gerade bei den großen Turnieren schon einfacher. So wurden uns von den Organisationskomitees der letzten WM, dem JAWOC in Japan und dem KOWOC in Südkorea, von Anfang an Videokassetten mit bereits ausgetragenen WM-Begegnungen zur Verfügung gestellt. Und wenn man das Glück hatte, so wie ich, nicht die erste, sondern die zweite Partie einer Mannschaft zu pfeifen, konnte man zuvor die Videoaufzeichnung studieren und nützliche Schlüsse daraus ziehen.

Vor jedem meiner Spiele, natürlich besonders vor dem Finale, habe ich viele Stunden vor dem Bildschirm verbracht. Meine Arbeitsmethode war ganz unkompliziert. Ich nahm eine Tafel, unterteilte sie in zwei Hälften und notierte auf den gegenüberliegenden Seiten die Eigenschaften der Mannschaften, die mir besonders auffielen. Die prägte ich mir ein und gab diese Informationen dann an die anderen Mitglieder »meines Teams« weiter. Dabei ging es um die zu erwartenden Mannschaftsaufstellungen, die taktischen Ausrichtungen, Spielsysteme, die technischen und taktischen Eigenschaften der Spieler, kurzum all das, was sich im Verlauf der Begegnung als hilfreich erweisen konnte.

Apropos Finale. Was mich beim Videostudium der Spiele der beiden Finalisten Brasilien und Deutschland mit am meisten beeindruckte, waren auf brasilianischer Seite das flexible Rollenverständnis von Verteidigern und Mittelfeldspielern sowie die Variationsbreite in den Angriffsspielzügen. Bei der deutschen Nationalmannschaft das Spiel Schneiders hinter den Spitzen sowie Kloses, der immer wieder mit seiner Kopfballstärke hohe Bälle aus dem Mittelfeld an Mitspieler verteilte, die von hinten in die Räume vorstießen. Diese Erkenntnisse hören sich sicher nicht sensationell an, aber für uns sind sie wichtig, weil sie uns veranlassen, das Augenmerk bevorzugt auf ganz bestimmte Zonen des Spielfelds zu richten. An den Nationalmannschaften aus Japan und der Türkei fiel mir auf, dass das Mittelfeld beider Teams sehr aggressiv agierte, mit sehr schnellen, für Pressing und ein hohes Tempo prädestinierten Spielern, wodurch der Bereich um die Mittellinie zu jenem wurde, der besonders im Auge zu behalten war.

Je zahlreicher die Informationen, desto leichter lässt sich eine Partie lesen.

Lesen: Dieser Begriff ist grundlegend für die Tätigkeit eines Schiedsrichters, ebenso wie für die des Trainers. So etwas wie eine standardisierte Spielleitung, die zu jeder Begegnung passt, gibt es nicht. Ein Schiedsrichter muss die Fähigkeit entwickeln, sich fast wie ein Chamäleon den Erfordernissen der jeweiligen Partie anzupassen. Jedes Spiel ist anders und muss daher auch wieder anders angegangen werden. Und auch während einer Begegnung gibt es viele verschiedene Momente, die ein völlig unterschiedliches Vorgehen verlangen. Deswegen glaube ich auch nicht, dass es zum Beispiel typisch englische oder typisch italienische Unparteiische gibt. Was nötig ist, ist eine flexible Spielleitung, die sich auf die Eigenart jeder Begegnung und ihre verschiedenen Phasen einstellt. Genau in dieser Fähigkeit liegt die Leistung eines Schiedsrichters, sich anzupassen, ja mehr noch, schon im Voraus zu wissen, was gleich passieren könnte. Vorbeugen ist besser als heilen, sagt man, und für den Schiedsrichter bedeutet das, im Vorhinein zu erkennen, wie sich eine Begegnung entwickeln könnte, und auf alle möglichen Situationen vorbereitet zu sein.

Auch die technischen Fertigkeiten der einzelnen Spieler sollten dem Schiedsrichter bekannt sein.

Weiß ich zum Beispiel, dass Mihajlovic mit Vorliebe Pässe mit dem linken Fuß cross über fünfzig Meter spielt, kann ich voraussehen, dass der Ball aller Wahrscheinlichkeit nach in einem bestimmten Bereich des Spielfelds landen wird. Dorthin bewege ich mich und behalte ihn besonders gut im Auge. Weiß ich von einem Stürmer, dass er ein flinker Dribbler ist und sich gerne auf dem Flügel bis zur Grundlinie durchspielt, um von dort nach innen zu flanken, achte ich besonders darauf, was im Strafraum vor sich geht, wo der Ball mit großer Wahrscheinlichkeit zu erwarten ist. Und auch zuvor schon wird es dort, im Kampf um eine günstige Position, zu Szenen kommen, die oft nicht einfach zu beurteilen sind. Wird ein Rechtsfüßler wie zum Beispiel Del Piero von Juventus auf Linksaußen aufgestellt, wird er wahrscheinlich nicht am Flügel kleben, um vors Tor zu flanken, sondern sich eher nach innen orientieren, um eine Schussmöglichkeit zu suchen. Daher wird nicht der Strafraum selbst, sondern der Bereich davor der Brennpunkt des Geschehens sein, den ich nicht aus den Augen lasse.

Erzähle ich Journalisten von diesen Dingen, ist man häufig überrascht. Man denkt wohl allgemein, Schiedsrichter würden sich eher mit den schauspielerischen Fähigkeiten als mit den technischen Fertigkeiten der Spieler auskennen. Aber das stimmt nicht. Ich kann nur immer wieder bestätigen, dass die Spielweisen der einzelnen Spieler bei der Vorbereitung eine große Rolle spielen. Und ebenso klar sollte sein, dass mich im Gegensatz dazu der Ruf eines Spielers nicht interessiert. Ich gehe nicht voreingenommen auf den Platz, Vorurteile stehen einem Schiedsrichter schlecht zu Gesicht. In der Toskana gibt es ein Sprichwort, das sinngemäß lautet: Wer sich an heißem Wasser verbrannt hat, fürchtet nun auch kaltes. Sicher, wenn ich weiß, dass das Wasser heiß ist, stecke ich nicht die Hand hinein, und je mehr

Informationen mir zur Verfügung stehen, je mehr »Indizien« ich über den Zustand des Wassers zusammengetragen habe, desto einfacher kann ich verhindern, mir die Finger zu verbrennen. Doch ein Schiedsrichter muss versuchen, nur das zu sehen und zu beurteilen, was auf dem Platz passiert. Und er sollte sich bei seiner Entscheidung nicht plötzlich daran erinnern, was früher einmal vorgefallen ist.

Die mentale Vorbereitung

Mit dem Konditionstraining und dem Vertiefen des technisch-takischen Wissens sowie der Regelkenntnisse ist das Thema Vorbereitung, die ein Schiedsrichter erledigen muss, um seiner Aufgabe optimal nachzukommen, noch nicht erschöpft. Zumindest erwähnen möchte ich auch die vielen kleinen Gesten und Gewohnheiten, die dem Einlaufen aufs Spielfeld vorausgehen beziehungsweise folgen und die man unter dem Etikett mentale Vorbereitung einordnen könnte.

Wir befinden uns hier per se in einem Bereich größter Subjektivität, denn die mentale Vorbereitung auf ein Spiel unterscheidet sich zuweilen radikal von Schiedsrichter zu Schiedsrichter, ebenso wie von Spieler zu Spieler. Ich weiß noch, was man sich über einen großen Schiedsrichter früherer Zeiten, Luigi Agnolin, erzählte: Er traf im Stadion ein, machte sich's auf der Massagebank bequem und hielt erst mal ein dreißig-, vierzigminütiges Schläfchen. Zu Beginn meiner Karriere war Agnolin für mich eine feste Größe, ja ein fast obligatorisches Vorbild. Und so kam ich eines Tages auf die Idee, es ihm auch in seinen Gewohnheiten vor dem Spiel nachzutun. Denn war er nun einer der besten Schiedsrichter der Welt oder nicht? Ich legte mich also auf die Pritsche und versuchte zu schlafen. Was mir auch gelang, aber das Resultat dieser Siesta war, dass ich vollkommen benebelt wieder aufstand, mit dem einzigen klaren Gedanken, diese Methode der mentalen Vorbereitung in Zukunft tunlichst zu unterlassen.

Manche Schiedsrichter beginnen mit der mentalen Vorbereitung zu dem Zeitpunkt, da sie die Ansetzung erhalten, also achtundvierzig Stunden oder gar schon eine Woche vor dem Spiel. Andere erst, wenn sie im Stadion eintreffen. Es gibt Schiedsrichter, die, im Stadion angekommen, schlagartig das Reden einstellen und so die größtmögliche Konzentration suchen. Andere finden sie, obwohl sie bis zur letzten Minute flachsen und lachen.

Es ist eine Frage des Charakters, der Persönlichkeit, also definitiv eine äußerst subjektive Sache.

Für mich selbst ist der entscheidende Zeitpunkt die Besprechung mit den Schiriassistenten und dem vierten Offiziellen direkt nach dem Mittagessen gegen 11.45 Uhr, bei der wir versuchen, alle Spielsituationen, mit denen wir konfrontiert werden könnten, sowie mögliche Lösungen anzusprechen, und noch einmal die taktischen und technischen Eigenschaften der Mannschaften und Spieler durchgehen. Für mich ist das bereits der Spielbeginn, obwohl noch drei Stunden bis zum Anpfiff dazwischenliegen, und alles, was ich von jetzt an tue, ist ganz allein auf das Spiel ausgerichtet.

Egal, wie nun die Gewohnheiten des einzelnen Unparteiischen aussehen mögen, was zählt, ist nur, dass seine Konzentration im Moment des Einlaufens ausschließlich beim Spiel ist. Er muss sofort hellwach sein, nicht zuletzt, weil gerade die ersten Minuten einer Begegnung auch die heikelsten sein können. Oft sind Situationen in der ersten Minute besonders schwer zu bewerten. Normalerweise würde man ja annehmen, dass ein Ereignis, egal, um was es sich handelt, *soft* beginnt und sich die Intensität dann nach und nach steigert, so dass man selbst seine Aufmerksamkeit daran anpassen kann. Doch für uns ist das anders. Wenn es losgeht, bleibt keine Zeit mehr, in die Partie hineinzufinden. Wir müssen unmittelbar reagieren können, und wenn dann die Konzentrationsschwelle nicht hoch genug ist, bekommt man sofort erhebliche Schwierigkeiten.

Das Gleiche gilt ja übrigens auch für die Spieler. Nicht zufällig lautet einer der am häufigsten geäußerten Kritikpunkte von Trainern an ihrer Mannschaft, dass sie nicht mit hundertprozentiger Konzentration ins Spiel gegangen sei und möglicherweise in den allerersten Minuten durch eine banale Unachtsamkeit ein Tor kassiert habe.

Diese Konzentration gilt es das ganze Spiel über aufrechtzuerhalten. Das hört sich so einfach an, doch zuweilen läuft ein Spiel dermaßen glatt und reibungslos, dass eine gewisse Entspannung, ein Nachlassen der Konzentration, eintreten kann. Und man kann darauf wetten: Genau dann passiert etwas Entscheidendes, und der Schiedsrichter gerät in die unschöne Lage, dass er nicht weiß, was er pfeifen soll.

Man muss es sich richtig antrainieren, immer bei der Sache zu sein und sich nicht durch äußere Faktoren abseits des Spielfelds ablenken zu lassen, sich abzukapseln vor allem auch von dem Druck der vielleicht 80 000 auf den Rängen und dem Gedanken, jetzt gerade ein Spiel zu pfeifen, das sogar Milliarden von Menschen im Fernsehen verfolgen können.

Es hilft sehr, schon häufiger in solchen Situationen gestanden zu haben. Doch mindestens ebenso wichtig ist es, zu lernen, sich allein auf sein Tun zu konzentrieren und alles andere radikal auszublenden. Das lässt sich üben, auch im Training, indem man sich etwa nur auf die Bewegungen konzentriert, die man gerade ausführt, ganz ausschließlich, bis man nichts mehr von dem mitbekommt, was um einen herum vorgeht.

Die volle Konzentration hilft auch dabei, die kleinen Dinge, die Nuancen wahrzunehmen, durch die man dann eine bestimmte Situationen vielleicht besser versteht. Es ist besonders wichtig, diese Fähigkeit zu trainieren, eine Fähigkeit, die sich auch im alltäglichen Leben verfeinern lässt: Man richtet zum Beispiel alle Aufmerksamkeit auf die Dinge, die um einen herum geschehen, auf die Gesten der Menschen, ihre Reaktionen. Gerade im peripheren Sehen muss ein Schiedsrichter besonders geschult sein, damit ihm nicht die kleinste Kleinigkeit dessen, was sich um ihn herum zuträgt, entgeht.

Die Phase der Regeneration ist auch in mentaler Hinsicht von großer Bedeutung. Man glaubt ja nicht, wie viele geistigen Kräfte während eines Spiels verbraucht werden. Nicht nur durch die körperliche Beanspruchung, weil man praktisch ohne Unterlass läuft, sondern auch durch die mentale, denn Konzentration und Anspannung schlucken ein hohes Maß an Energie. Körperlich kann man im Schlaf regenerieren, indem man möglicherweise noch, so wie ich und viele andere, mit einigen Tropfen Beruhigungsmitteln nachhilft. Ich bewundere ja Leute, die nach einem Spiel leicht einschlafen können. Wenn ich selbst nach einem Spiel am Abend – und Ähnliches gilt, wenn ich am Nachmittag gepfiffen habe – ins Bett gehe, schlafe ich selten vor fünf Uhr morgens ein. Das ausgeschüttete Adrenalin, verbunden mit der muskulären Erschöpfung, sorgt dafür, dass ich mich ruhelos unter meiner Decke hin und her wälze. Und so kann ich, wenn ich in Italien bin, nach einem Abendspiel problemlos im Auto nach Hause zurückfahren, ohne Gefahr zu laufen, am Steuer einzuschlafen. Wenn ich hingegen im Ausland gepfiffen habe und erst am nächsten Tag die Heimreise antreten kann, nehme ich ein paar Tropfen, um ein wenig Entspannung und Schlaf zu finden.

Die beste mentale Regeneration besteht wohl darin, ein paar Stunden nur sich selbst zu widmen. Manchmal bringt es etwas, sich in die Arbeit zu stürzen, weil das von den Diskussionen im Anschluss an ein Spiel ablenkt, zumal wenn es nicht besonders gut gelaufen ist. Doch das Hauptaugenmerk sollte darauf liegen, sich nicht noch weiter, körperlich oder mental, zu ermüden. Ich habe das Glück, in einer Stadt am Meer zu leben, und ein paar Stunden vollkommener Freiheit am Montagmorgen, vielleicht im Frühling, bei einem Spaziergang die Uferpromenade oder am Strand entlang, oder sich ein schönes Plätzchen zu suchen und ein wenig zu lesen, sind für mich der beste Weg, die Anspannung abzubauen und gleichzeitig die leeren Akkus wieder aufzuladen.

Die gleiche Sprache sprechen

Zu dem hier sehr weit gefassten Begriff der Vorbereitung gehört eigentlich auch das, was ein Schiedsrichter erlernen sollte, um mit den Spielern auf dem Platz angemessen kommunizieren zu können. Und das bedeutet nicht nur, wie vorhin erwähnt, die Sprache des Fußballs zu beherrschen, also das Verhalten der Spieler auf dem Platz vorherzusehen, sondern auch, ganz wörtlich, die gleiche Sprache zu sprechen, das gleiche Vokabular zu benutzen. Die Beherrschung von Fremdsprachen ist sehr nützlich, denn aus Missverständnissen erwachsen immer die größten Probleme. Gewiss ist Körpersprache in vielen Fällen hilfreich, aber ein paar Worte mit den Spielern auf dem Platz wechseln zu können erleichtert die Arbeit ungemein.

In diese Richtung geht auch der Beschluss von FIFA und UEFA, von internationalen Schiedsrichtern Englischkenntnisse zu verlangen, die, wenn möglich, mit Kenntnissen in der einen oder anderen weiteren Fremdsprache ergänzt werden sollten.

Und aus diesem Grund steht bei unseren Lehrgängen in Coverciano seit einigen Jahren Englischunterricht auf dem Programm, an dem die Teilnahme Pflicht ist.

Ich spreche neben Italienisch Englisch, Spanisch und ein wenig Französisch. So fällt es mir relativ leicht, auch bei internationalen Begegnungen ein Gespräch mit den Spielern auf dem Platz zu führen. In manchen Momenten einer Partie ist es sehr wichtig, ein paar Worte zu sagen, vielleicht um eine Entscheidung zu erklären. Aber es kann auch nur eine lockere Bemerkung sein, um eine angespannte Situation ein wenig zu entkrampfen. Es hilft, dies in der Gewissheit tun zu können, auch wirklich verstanden zu werden. Und wenn das nicht der Fall ist, überkommt mich ein unangenehmes Gefühl der Machtlosigkeit.

Allzu häufig wird diese Notwendigkeit, miteinander reden zu können, von außen nicht wahrgenommen, und so mag manch einer glauben, der eigentliche Grund, warum

Fremdsprachen für Unparteiische nützlich sein sollen, liege darin, auf diese Weise die Flüche und Beleidigungen der Spieler verstehen und ahnden zu können. Überflüssig, zu betonen, dass dies absolut nicht der Fall ist. Ganz im Gegenteil ist es manchmal sogar bequemer, nicht zu verstehen, was ein Spieler in der Erregung von sich gibt – oder auch nur so zu tun. Einmal passierte es mir, dass ein ausländischer Spieler in hervorragendem Italienisch ein wenig zu heftig gegen eine Entscheidung von mir protestierte. Ich hörte mir das eine Weile an und meinte dann zu ihm, er solle sich lieber auf Deutsch aufregen, dann würde ich ihn wenigstens nicht verstehen …

Weder Polizist noch Schauspieler

Eine der besonderen Anforderungen an einen modernen Schiedsrichter, davon bin ich felsenfest überzeugt, ist die Fähigkeit zu kommunizieren.

Einer der Schiedsrichter, die mich während der WM 1990 in Italien am meisten beeindruckten, war der Schwede Fredriksson, und das nicht so sehr seiner schiedsrichterlichen Fertigkeiten wegen, sondern wegen der Art und Weise, wie er zu kommunizieren verstand. Bei seiner extrem ausdrucksstarken Gestik verstand man jederzeit, was er gerade entschieden hatte. Ob man nun mit der Entscheidung einverstanden war oder nicht, an der Entscheidung selbst und dem Grund dafür gab es keine Zweifel.

Ein Spieler muss verstehen können, was auf dem Platz Sache ist, und in dieser Hinsicht schien mir Fredrikssons Spielleitung geradezu perfekt. Versteht ein Spieler auf Anhieb, was entschieden wurde, zu wessen Gunsten und möglicherweise auch warum, fällt es ihm in der Regel leichter, die Entscheidung zu akzeptieren.

Zudem ist ein Fußballspiel auch eine Show für die Zuschauer. Mit der Eintrittskarte haben sie sich das Recht erworben zu verstehen, was auf dem Spielfeld vor sich geht. Nicht zufällig ist eben deshalb in den USA der Chef der Schiedsrichter-Crew beim American Football über ein Mikro mit der Lautsprecheranlage im Stadion verbunden und liefert darüber, wenn der Ball ruht, die Erklärungen für die von ihm getroffenen Entscheidungen.

Diese gestenreiche Art der Spielleitung stand damals eigentlich im Gegensatz zu den Anweisungen, die wir Referees in Italien erhielten. Da konnte es passieren, dass ein Schiri, wenn er die Arme bewegte, um die Richtung eines Freistoßes anzuzeigen, von seinem Beobachter zu hören bekam: »Alles schön und gut, aber du bist doch kein Schutzmann, du bist Schiedsrichter.«

Seit damals hat sich vieles verändert, und heute geht man allgemein mit Gesten nicht mehr so sparsam um. Die Unparteiischen heutzutage sind dem Fredriksson der neunziger Jahre viel ähnlicher als den italienischen Schiedsrichtern jener Zeit.

Manchmal werde ich gefragt, ob ich als Schiedsrichter »schauspielere«, ob ich also auf und außerhalb des Spielfelds derselbe bin. Nun, ich halte es für ausgeschlossen, dass ein Schiedsrichter in einem intensiven Spielgeschehen, da alle Aufmerksamkeit auf die einzelnen Aktionen gerichtet ist und Druck und Anspannung auf ein sehr hohes Maß ansteigen, die Zeit haben kann, bewusst Verhaltensweisen anzunehmen, um anderen etwas vorzumachen.

Zwischen dem Menschen und dem Schiedsrichter gibt es keinen Unterschied. Jeder verhält sich auf dem

Platz so wie im Leben, mit denselben Eigenarten, denselben Vorzügen und Fehlern.

Die immer wieder zu hörende Unterstellung, Schiedsrichter suchten auf dem Platz einen Ausgleich dafür, dass sie im Leben nichts zuwege bringen, könnte falscher nicht sein: Wie könnte ein Versager, ein Schwächling, das leisten, was von einem Schiedsrichter vor, während und nach dem Spiel verlangt wird? Sehr häufig tut man auf dem Spielfeld irgendetwas, von dem man im Moment absolut nichts merkt und das einem erst später, wenn man sich noch einmal im Fernsehen sieht, auffällt.

Bei UEFA-Lehrgängen wird immer wieder gern, sicher nicht als positives Beispiel, eine Szene aus dem von mir geleiteten Spiel Holland gegen Tschechien bei der EM 2000 gezeigt, in der ich mich, um es euphemistisch auszudrücken, gegenüber einem tschechischen Spieler, Repka, nicht unbedingt freundlich verhalte. Und jedes Mal wieder, wenn ich die Bilder sehe, frage ich mich, ob der verärgerte Schiri auf dem Bildschirm wirklich ich bin.

Überprüfung

Auch die Analyse des eigenen Verhaltens ist Teil der Vorbereitung eines Schiedsrichters. Oder besser, der Überprüfung, ob die Vorbereitung gestimmt hat. Eine Überprüfung, die niemand besser als der Schiedsrichter selbst leisten kann, aber natürlich nur dann, wenn er wirklich selbstkritisch an die Sache herangeht. Mit einem stolzen »Ach, was war ich wieder gut«, sobald man sein Spiel noch mal im Fernsehen sieht, ist es also nicht getan. Es geht darum, sich selbstkritisch zu beobachten und zu beurteilen. Daraus lässt sich dann erkennen, ob die Vorbereitung auf die Partie ausreichend war, und wenn nicht, wie und was sich eventuell verbessern ließe.

Vor einigen Jahren brachte die UEFA eine neue Überprüfungsmethode auf den Weg, *self assessment* genannt. Alle Schiedsrichter sollten ihre Spiele noch einmal anschauen und eine eigene Bewertung zu Papier bringen, in der einzelne Punkte besonders hervorzuheben waren. Das ist sicher der passende Anreiz, sich selbst immer weiter zu verbessern. Und ebenso nützlich waren die Analysen, die während der letzten WM in Gruppenarbeit durchgeführt wurden. Denn eine gemeinsame Diskussion entscheidender Szenen bedeutet ja nicht, auf den Fehlern der jeweiligen Schiedsrichter herumzureiten, sondern die anderen in die Lage zu versetzen, nicht die gleichen Fehler zu machen. Es wäre zu einfach, sich auf ein selbstzufriedenes »Ich war so gut, es ist alles glatt gelaufen« zurückzuziehen. So kann man sich nicht verbessern, sich nicht weiterentwickeln. Im Gegenteil gilt es, immer selbstkritisch zu sein und Punkt für Punkt genau zu bewerten, ob das, was man während eines Spiels entschieden hat, der Situation angemessen war, und wenn nicht, herauszufinden, woran das lag, und auf Abhilfe zu sinnen.

In dieser Phase der Vorbereitung spielt natürlich die Zeitlupenaufzeichnung für uns Schiedsrichter eine große Rolle. Häufig begreift man erst, wenn man sein Spiel und bestimmte Momente daraus verlangsamt sieht, ob und warum einem bestimmte Fehler unterlaufen sind. Dies ist die gründlichste Analyse, eine Analyse, die auch das Fernsehen nicht leistet, da man dort bei der Tatsache, dass ein Fehler vorliegt, stehen bleibt und nicht zum Warum übergeht. Einen Schiedsrichter muss aber mehr noch der Grund für den Fehler interessieren und wie er es anstellen kann, dass sich ein solcher Fehler nicht wiederholt. Nur auf diesem Wege kann man sich weiterentwickeln.

Die Einschätzung der eigenen Vorstellung orientiert sich immer an der geleisteten Vorbereitung. Damit meine ich, eine »unglückliche« Entscheidung kann immer vorkommen, auch wenn sie sich nachher als spielentscheidend erweist, und in meiner Selbstbewertung spielt sie nur eine untergeordnete Rolle. Ich treffe ja eine bestimmte Entscheidung, weil ich die Szene im Moment so sehe. Beweisen mir später Fernsehbilder, dass ich etwas falsch gesehen oder übersehen habe, meine Vorbereitung aber, um die Situation richtig bewerten zu können, optimal war, lasse ich es bei einem »dumm gelaufen« bewenden, ohne mir allzu viele Gedanken zu machen. Was soll ich denn auch machen, wenn ich für die Bewertung einer Situation genau an der richtigen Stelle stehe und mir später die Bilder einer Fernsehkamera von einer Position aus, wo ich niemals hätte sein können, einen Fehler beweisen?

Auch ein Spieler, der sich unter der Woche gut vorbereitet, sich in eine optimale Verfassung bringt, um gute Resultate zu erzielen, und dem dann aus irgendeinem Grund eine Aktion misslingt, sollte diesen Fehler vor dem Hintergrund seiner Vorbereitung bewerten. War die Vorbereitung gut und entsprang der Fehler einem Zufall, muss er ihn hinnehmen, ohne sich allzu sehr davon beeinflussen zu lassen.

Für den Spieler wie den Schiedsrichter gilt: Die Bedeutung eines Fehlers spielt in der Gesamtbeurteilung keine Rolle. Beide haben das Recht, Fehler zu machen, und allein eventuelle Mängel in der Vorbereitung sollten Anlass zu Selbstkritik und entsprechenden Korrekturmaßnahmen sein.

Leider wird jedoch nur allzu oft, vor allem beim Schiedsrichter, eine gute Leistung, ein überzeugend geleitetes Spiel schlagartig von einer Entscheidung zunichte gemacht, die möglicherweise sehr schwierig oder auf dem Spielfeld gar nicht anders zu treffen war und dann erst später von einer Fernsehkamera als falsch entlarvt wird. Hier haben wir den Hauptgrund, warum zwischen der Bewertung »von außen« und der Selbstbewertung des Schiedsrichters häufig solche Lücken klaffen. Ich neige dazu, Aspekten größere Bedeutung beizumessen, über die andere hinweggehen oder die sie überhaupt nicht in Betracht ziehen, weil sie sich nämlich auf solche Spielszenen versteifen, die ich wiederum unter der Rubrik »Zufall« abhake.

Damit möchte ich der Bewertung von außen nicht ihre Bedeutung absprechen. Auch ich weiß, wie sehr man davon profitieren kann, wenn eine bestimmte Sache mit mehreren Augen gesehen wird. Deshalb wird ja auch in Italien von der dritten Liga, der Serie C, an aufwärts jedes Spiel von früheren Schiedsrichtern beobachtet und bewertet. Nach dem Abpfiff kommen sie in die Umkleidekabine des Unparteiischen und analysieren gemeinsam mit ihm das Spiel, wobei sie jene Szenen, bei denen man noch etwas hätte besser machen können, in den Vordergrund stellen. Danach erst fertigen sie ihren Bericht an, in dem die Leistung des Referees noch einmal sehr detailliert und gründlich beschrieben wird. Die Gesamtheit dieser »Spielbeobachtungen« entscheidet dann über das Weiterkommen eines Schiedsrichters, das heißt seinen möglichen Einsatz in wichtigeren Spielen derselben Liga oder seinen Aufstieg in eine höhere Spielklasse.

Ohne die Bedeutung der Beobachter schmälern zu wollen, bin ich jedoch der Überzeugung, dass niemand besser als der Schiedsrichter selbst seine Leistung beurteilen kann, vorausgesetzt, er ist in der Lage, eine distanzierte, kritische Haltung sich selbst gegenüber einzunehmen.

Gruppenarbeit

Bei den Trainingslagern, zu denen die Schiedsrichter der ersten und zweiten Liga regelmäßig eingeladen werden, verbinden sich nun die verschiedenen Phasen der Vorbereitung. Im Sommer, vor der neuen Saison, nehmen wir an einem zehn- bis zwölftägigen Trainingslager in einem Sportzentrum im Apennin zwischen der Toskana und der Emilia-Romagna teil. Hier werden täglich zwei Trainingseinheiten absolviert, hinzu kommen Seminare, die teils für alle Teilnehmer konzipiert, teils auch auf spezielle Aufgaben zugeschnitten sind. Wenn wir dort eintreffen, haben wir alle schon ein drei- bis vierwöchiges Trainingspensum zu Hause erledigt, das heißt, anders als für die Mannschaften stellt das Trainingslager für uns nicht den Beginn der konditionellen Vorbereitung dar. In dieser Zeit, gewöhnlich Anfang August, wird im Training hauptsächlich an der Schnelligkeit und der Schnelligkeitsausdauer gearbeitet, so dass wir am Ende gut gerüstet in die ersten Spiele, die des italienischen Pokalwettbewerbs, gehen.

Es sind sehr arbeitsintensive Tage. Normalerweise stehen wir zwischen 7.30 Uhr und 8.00 Uhr auf, dann Frühstück und danach um 9.30 Uhr das morgendliche Training. Um 11.00 Uhr können wir duschen und erscheinen danach um 12.00 Uhr zum theoretischen Seminar, gefolgt vom Mittagessen um 13.00 Uhr und einer Erholungspause bis 16.00 Uhr. Die zweite technisch-taktische Besprechung geht von 16.30 bis 17.30 Uhr, die zweite Trainingseinheit des Tages von 18.00 bis 19.30 Uhr. Um 20.30 Uhr Abendessen und dann … nur noch ins Bett, weil wir alle mächtig ausgelaugt sind.

Angefangen von der Vorbereitung zum ersten Spieltag der Meisterschaft, werden wir die ganze Saison über immer wieder zu Lehrgängen eingeladen, normalerweise alle zwei Wochen, doch nicht selten, wenn es der Spielplan verlangt, auch wöchentlich. Diese werden im *Centro Tecnico Federale* in Coverciano bei Florenz abgehalten, einem hochmodernen Trainingszentrum, das für uns schon mittlerweile zu einer Art zweitem Zuhause geworden ist.

Unsere Ankunft ist für Donnerstagabend vorgesehen, und unser erster Termin am Freitagmorgen ist stets das Wiegen, inzwischen ein echtes Ritual. An den Freitag- und Samstagmorgen bringen wir je eine Trainingseinheit hinter uns, natürlich mit unterschiedlicher Intensität und Belastung, je nachdem, ob am Wochenende ein Spiel zu pfeifen ist oder nicht. Im Verlauf der Saison haben wir uns dann regelmäßig Fitnesstests zu unterziehen.

Ein großer Teil der Zeit ist der theoretischen Arbeit gewidmet. Dann sitzen wir zusammen und analysieren anhand von Videoaufzeichnungen die wichtigsten Situationen der beiden vorausgegangenen Spieltage, wobei die Schiedsrichterkommission die Interpretationskriterien vorgibt, die sich die ganze Gruppe zu Eigen machen sollte.

Während des Lehrgangs kommt auch der Arbeit des Trainers große Bedeutung zu. Mit ihm wird über taktische und technische Fragen gesprochen, zum Teil ganz allgemein, zum Teil auch konkret im Hinblick auf die

Partien, die in Kürze zu leiten sind. Alle Schiedsrichter, die am Wochenende nicht angesetzt sind, absolvieren eine zusätzliche Trainingseinheit am Freitagnachmittag: Dann spielen wir Unparteiischen gegeneinander, und zwar mit harten Bandagen, denn solch ein Prestigeduell will niemand verlieren.

Auf dem Lehrgangsprogramm steht mittlerweile auch Sprachunterricht, und zwar in Englisch, mit jeweils zweistündigem, je nach Vorwissen abgestuftem Unterricht, an dem alle teilzunehmen haben.

Diese Arbeitsweise, die abwechslungsreich ist und zweifellos auf dem neuesten Stand, trägt sehr gute Früchte. Nicht zufällig haben Verbände aus anderen Ländern nach ihren Besuchen beschlossen, selbst ähnliche Einrichtungen aufzubauen.

Ein großer Erfolg der Arbeit ist neben den rein technischen Fortschritten sicher die Tatsache, dass sich hier unter uns Schiedsrichtern ein immer engerer Teamgeist entwickelt.

Traditionell ist der Schiedsrichter ein Einzelsportler, der allein seinen Wettkampf bestreitet und sich höchstens auf die Unterstützung seiner Linienrichter verlassen kann. Indem wir nun aber so viel Zeit zusammen verbringen, empfinden wir uns immer mehr als eine richtige Mannschaft. Die Möglichkeit zu reden, sich auszutauschen, hilft nicht nur den jüngeren Unparteiischen zu reifen, neue Erfahrungen zu gewinnen, indem sie sich die der älteren zu Eigen machen, sondern auch den älteren, die Dinge aus einem anderen Blickwinkel zu betrachten, der vielleicht eher den sich so schnell wandelnden Anforderungen entspricht.

III IN ERWARTUNG DES SPIELS

Postkarten und Anrufe

Immer schon war der Moment, dem ich, wie auch die meisten meiner Kollegen, mit besonderer Spannung, einer Mischung aus Neugier und banger Erwartung entgegensehe, der der Zuweisung des Spiels, das zu leiten ist, die mittlerweile sattsam bekannte »Ansetzung«.

Wie fast überall auf der Welt wurde auch bei uns in Italien diese Ansetzung immer von einem Gremium aus vornehmlich früheren Unparteiischen erledigt, die für jedes Spiel den ihrer Ansicht nach geeignetsten Schiedsrichter aussuchen. Diese Wahl hat eine Reihe von Faktoren zu berücksichtigen, in erster Linie aber den Schwierigkeitsgrad der Begegnung sowie die Erfahrung und Form des Schiedsrichters. Kurzum, man versucht, für jedes Spiel den idealen Unparteiischen zu finden.

In manchen Ländern erfolgt die Ansetzung auch auf anderem Weg.

In Spanien zum Beispiel ist es ein Computer, der vor Beginn der Meisterschaft, unter Berücksichtigung geographischer Gesichtspunkte – kein Schiedsrichter darf Mannschaften aus seiner Region pfeifen – sowie des Rotationsprinzips – alle Schiedsrichter müssen dieselbe Anzahl von Spielen leiten –, die Unparteiischen für alle Spiele der gesamten Spielzeit festlegt. Die Ansetzungen bleiben dann aber geheim und werden erst Woche für Woche bekannt gegeben.

In Italien wird seit einigen Jahren das Los angewendet,

wobei zunächst lediglich nach Begegnungen beziehungsweise Schiedsrichtern für die erste und zweite Liga unterschieden wurde. Heute ist man dazu übergegangen, die Schiedsrichter in zwei »Leistungsklassen« einzuteilen, die vor der Auslosung den Spielpaarungen der Serie A und B je nach ihrer Bedeutung zugeordnet werden.

Dennoch: Eine Nominierung nach rationalen Kriterien, die auf Bewertungen und Einschätzungen hinsichtlich der Fähigkeiten jedes einzelnen Schiedsrichters und seiner Eignung für jede einzelne Partie basierte, wurde so durch ein System abgelöst, das hauptsächlich auf dem Zufall basiert.

Mir als Schiedsrichter steht es eigentlich nicht zu, solche Bestimmungen zu kritisieren, aber ich liege sicher nicht falsch, wenn ich zu bedenken gebe, dass kein Mensch auf die Idee käme, den Chirurgen, der ihn operieren soll, nach dem Zufallsprinzip auszuwählen, sowie kein Trainer beim Würfeln die Mannschaft ermittelt, die er am Sonntag auf den Platz hinausschickt. Also klipp und klar: Eine rationale Entscheidung ist immer besser als ein Losentscheid.

Es mag sich seltsam anhören, aber das Warten auf die Entscheidung, wo ich am Wochenende zu pfeifen habe, ist für mich fast ebenso aufregend wie das Spiel selbst, und sobald ich weiß, für welche Partie ich angesetzt bin, habe ich fast schon das Gefühl, sie bereits gepfiffen zu haben.

Die freudige Erwartung der Ansetzung hing dabei nie von der Spielklasse ab, in der ich tätig war, oder der Bedeutung des Spiels. Seit meinen Jugendzeiten, als ich meine ersten Spiele pfiff, hat sich an ihr nichts geändert. Wie ein Kind auf den Weihnachtsmann wartete ich, ich war noch nicht achtzehn, auf den Briefträger – damals kam die Mitteilung noch per Post –, der mir den Brief bringen sollte, durch den ich erfuhr, welche Begegnung ich wann und wo pfeifen sollte. Kaum aus der Schule heimgekehrt, fragte ich meine Eltern, ob der Briefträger da gewesen sei und das sehnlichst erwartete Expressschreiben abgegeben habe. An diesem Ritual hat sich, wenn auch unter anderen Vorzeichen, bis zum heutigen Tag nichts geändert. Ich weiß noch, dass damals, als ich noch bei den Amateuren pfiff, der Umschlag mit der Ansetzung auch den Spielberichtsbogen enthielt, der nach der Begegnung auszufüllen war, und bei jeder Spielklasse hatte der Bogen eine andere Farbe. Und so öffnete ich, ähnlich wie ein Pokerspieler sein Blatt entfächert, ganz langsam den Umschlag, um an der Farbe, Rosa, Bläulich oder Gelb, des Spielberichtsbogens zu ersehen, ob ich in der Bezirksliga oder Kreisliga, in der *Promozione*, der *Prima* oder *Seconda Categoria* pfeifen würde.

Irgendwann löste dann, nachdem ich von Spielklasse zu Spielklasse aufgestiegen war, ein Anruf im Sekretariat der Schiedsrichterkommission in Rom diesen Umschlag ab. Man rief an und bekam seine Begegnung mitgeteilt.

Das war noch bis vor wenigen Jahren so. Ein Anruf voller Unsicherheit und Spannung, die sich häufig in einer stillen Freude auflöste, wenn man etwa für eine Spitzenbegegnung angesetzt war, zuweilen aber auch Enttäuschung Platz machte, wenn einem das Sekretariat mitteilte, dass man Sonntag freihatte. Das gleiche Gefühl wie damals, wenn der Briefträger nichts für mich dabeihatte.

Wenn wir nicht in Coverciano zusammen sind, funktioniert das heute immer noch auf diese Weise. In Coverciano werden uns die Ansetzungen nach der Trainingseinheit am Freitagmorgen mitgeteilt, wobei allerdings die ersten »Gerüchte« bereits direkt nach der Auslosung zu uns auf den Platz durchsickern.

Ich selbst bin mir hundertprozentig sicher, aber ich wette, dass das Gleiche auch für alle meine Kollegen gilt: Ich könnte jeden Sonntag raus aufs Spielfeld. Auch Spieler trifft es, dass sie auf die Tribüne geschickt werden oder auf der Bank Platz nehmen müssen. Das mag niemand. Auch wenn man sich ein wenig müde fühlt, auch wenn man vernünftigerweise einräumen muss, dass ein Spieltag Pause, Erholung, sinnvoll sein kann; ein Spiel nur von außen zu erleben gefällt weder Fußballern noch Schiedsrichtern. Vor allem in jenen Jahren, als das Rotationsprinzip rigoros gehandhabt wurde und man nach einem Einsatz am nächsten Spieltag fast immer Pause hatte, hat mich das lange Warten immer gestört und umgekehrt, ausnahmsweise mal zwei oder drei Spiele hintereinander pfeifen zu dürfen, immer mit großer Zufriedenheit erfüllt. Nicht zuletzt, weil ich überzeugt war und es auch heute noch bin, dass mehrere Ansetzungen in Folge dem Schiedsrichter die Möglichkeit geben, in einen gewissen Rhythmus zu kommen und eine bessere Form aufzubauen.

Im Grunde ist alles, war wir tun, auf die Vorbereitung des nächsten Spiels ausgerichtet. Da ist es doch nur logisch, dass wir darauf brennen, hinaus aufs Feld zu dürfen.

Insbesondere als ich noch in den Nachwuchsrunden und den unteren Amateurklassen zum Einsatz kam, schloss sich an die Ansetzung immer eine weitere intensive Phase der Vorbereitung an, und zwar die Planung der Anreise. Da hieß es Fahrpläne und Straßenkarten studieren, um das geeignetste Verkehrsmittel in die und die Stadt, in das und das Dorf zu ermitteln, nach Routen und Abkürzungen suchen, Hotels und Restaurants ausfindig machen. Eine organisatorische Arbeit, die der Schiedsrichter ganz allein zu erledigen hat. Sicher, heute kennt man sich aus und weiß, was einen erwartet, aber früher erlebte man ständig irgendwelche Überraschungen, lernte neue Orte und neue Umfelder kennen.

Ich war in Dörfern und Städtchen, die ich sonst wohl nie aufgesucht hätte, und bin darüber ein wahrer Experte in italienischer Landeskunde geworden. Und ich weiß noch, wie mich meine Freunde auf den Arm nahmen, wenn ich mal wieder in die tiefste Provinz aufbrach, wohlwissend, den Samstagabend irgendwo alleine, vielleicht im Kino oder vor dem Fernseher in einem Hotelzimmer, verbringen zu müssen, anstatt in ihrer Gesellschaft etwas Schönes zu unternehmen.

Heute ist mit Sicherheit alles einfacher. Meine Reisen führen mich an Ziele, die ich von vielen, vielen Besuchen her kenne, und an den Hotels, Restaurants und örtlichen Gegebenheiten ändert sich ja meist nicht viel.

Bei internationalen Begegnungen sieht das etwas anders aus. Da bietet sich mir immer noch die Gelegenheit, Neues kennen zu lernen. Zwar organisiert die UEFA oder die FIFA die Reisen für uns, aber wir können sie nach den persönlichen Bedürfnissen verändern, was es mir ermöglicht, weiterhin ein wenig, vor allem übers Internet, »Reisebüro zu spielen«.

Manchmal muss man sich schon was einfallen lassen, um Reisen mit allzu vielen Unannehmlichkeiten zu vermeiden. Im September 1996, gleich nach den Olympischen Spielen in Atlanta, wurde ich zum Beispiel für ein WM-Qualifikationsspiel in der armenischen Hauptstadt Eriwan zwischen der Heimmannschaft und Deutschland angesetzt. Da die Begegnung am Mittwochabend ausgetragen werden sollte, schlug mir die Reiseabteilung der FIFA vor, sonntags von Mailand nach Moskau zu fliegen und von dort nach Eriwan weiterzureisen, um schließlich am Freitagmorgen wieder zu Hause einzutreffen. Fünf Nächte in Armenien zu verbringen zählte nun aber nicht zu den Dingen, nach denen es mich besonders verlangte, und so machte ich mich an die Arbeit. Nach stundenlanger Suche fand ich für die Anreise einen Flug für den Montag nach Sofia, mit dortiger Übernachtung, und einen Rückflug mitten in der Nacht, drei Stunden nach dem Spiel, von Eriwan nach Paris und von dort nach Pisa. Angesichts des Hotelstandards in Eriwan war das eine selten weise Entscheidung, auch wenn die Maschine, die uns von Sofia nach Eriwan brachte, den Anschein erweckte, als würde sie sich jeden Moment in ihre Einzelteile auflösen.

Unterhalte ich mich mit jemandem über mein Leben als Schiedsrichter, ist man meist überzeugt, durch meine Reisen hätte ich Gelegenheit, viel zu sehen und, wie man so sagt, die Welt kennen zu lernen. Über Hotels und Stadien in aller Welt kann ich viel erzählen, über Länder und Städte fast nichts. Nicht bloß, weil mir die Zeit für Besichtigungstouren gefehlt hätte, sondern auch weil ein Schiedsrichter in der Rolle des Touristen nicht so sehr meinen Vorstellungen entspricht. Reisen wir zu einem Spiel ins Ausland, werden wir, kaum angekommen, von einem Beauftragten des Heimatverbandes auf dem Flughafen abgeholt, häufig ein früherer Schiedsrichter, der sich die ganze Zeit unseres Aufenthalts über um uns kümmert. Zunächst geht's ins Hotel. Am späten Nachmittag versuche ich dann, eine Trainingseinheit einzuschieben, wenn möglich in dem Stadion, wo die Begegnung stattfinden wird, und abgestimmt auf die Trainingszeiten der Mannschaften, die ich zu pfeifen habe. Gerade dieses Training finde ich sehr nützlich. So kann ich die Anstrengungen der Reise abbauen und mich gleichzeitig schon mal mit den Gegebenheiten im Stadion anfreunden. Dann esse ich zu Abend, und danach gehe ich bald zu Bett. Am Morgen des Spieltages, gewöhnlich um 9.30 Uhr, findet im Stadion eine Platzinspektion sowie ein »Sicherheits-Briefing« statt, an dem neben Schiedsrichter, Assistenten und Ersatzschiedsrichter Vertreter der Vereine, der Sicherheitskräfte, der Feuerwehr, Ärzte und Sanitäter teilnehmen. Hier werden alle Details besprochen, die für den Ablauf der Veranstaltung relevant sind, speziell die Sicherheitsaspekte. Außerdem werden, für den Schiedsrichter wichtig, die Trikotfarben überprüft, in denen die beiden Mannschaften auflaufen werden.

Gegen elf Uhr geht man auseinander. Das Mittagessen ist dann normalerweise für 12.30 Uhr vorgesehen, so dass kaum Zeit bleibt, wenig mehr als eine Stunde, um sich etwas von der Stadt anzusehen, in der ich mich gerade befinde. Am Nachmittag stehen Ruhe und Entspannung auf dem Programm, dann kommt das Spiel, und am Morgen darauf geht's nach Italien zurück.

Es wird klar geworden sein, dass sich ein Besuchsprogramm nur schwerlich in diesen Ablauf integrieren lässt. Wenn ich aber in einer Stadt bin, von der ich weiß, dass ich sie so bald nicht wieder sehen werde, lasse ich mich locken und versuche einen kleinen Ausflug zu organisieren. So in Moskau, wo ich immerhin den Roten Platz und den Kreml gesehen habe, oder in Uruguay, wo ich den Rio de la Plata bewundern konnte, der dort in den Atlantik mündet, oder in Istanbul, wo ich fasziniert vor dem Topkapi-Palast stand. Als ich in China einmal ein Freundschaftsspiel zwischen England und den Gastgebern zu leiten hatte, waren die Umstände günstiger als gewöhnlich. Mein Aufenthalt dauerte nämlich fünf Tage, von denen ich zweieinhalb nichts als Ferien gemacht habe: Besuch der Großen Mauer, des Himmelstempels, der Verbotenen Stadt. Und das hat sich wirklich gelohnt.

Denn es waren unvergessliche Erlebnisse für mich. Aber auch diese kleinen »Fluchten« ändern nichts daran, dass ich mich vor allem zu einem Fachmann für Flughäfen und Hotels entwickelt habe. Einem der besten auf der Tour.

Vor »besonderen« Spielen

Üblicherweise heißt es, alle Spiele seien gleich, doch gibt es immer welche, die etwas »gleicher« sind. So hat jeder Schiedsrichter seine Begegnungen, die ihm unvergesslich sind, sei es wegen ihrer Bedeutung oder weil in ihnen etwas Außergewöhnliches vorgefallen ist. Das gilt auch für mich, und unter den zahlreichen Partien, die ich bis heute erlebt habe, sind einige, die sich mir tief ins Gedächtnis eingeprägt haben.

Da ist zum Beispiel die Woche, als ich die Mitteilung erhielt, dass ich zum ersten Mal in der Serie A pfeifen würde. Damals hatte ich bereits einige wichtige Begegnungen in der Serie B geleitet und begann mir Hoffnungen zu machen, dass vielleicht der Moment für mein Debüt in der höchsten Spielklasse nicht mehr weit sein könnte. Und als mir der damalige Vorsitzende des Schiedsrichter-Ausschusses, Paolo Casarin, verkündete, ich hätte am folgenden Sonntag, es war der 15. Dezember 1991, nach Verona zu fahren, um Verona gegen Ascoli zu pfeifen, war das für mich ein magischer Moment, die Krönung eines Traums.

Ich war einunddreißig Jahre alt und damit nach damaligen Maßstäben noch reichlich jung für dieses höchste Ziel, das sich ein Schiedsrichter in Italien realistischerweise für seine Laufbahn setzen kann. Wenn man dann das Glück hat, noch mehr zu erreichen, ist das ein Erfolg, der wirklich außerordentlich, das heißt, realistischerweise nicht mehr planbar ist. Doch egal wie, zu den deutlichsten Erinnerungen an dieses Ereignis zählt neben dem selbstverständlichen Lampenfieber eine Episode, die mit der Planung der Anreise zu tun hat. Aus einer Art »Fürsorge für den Debütanten« heraus wurden mir zwei der bekanntesten und erfahrensten Linienrichter der damaligen Zeit beigesellt, und zwar Ramicone und Andreozzi, beide Mitglieder von Lazio Rom und schon lange an das helle Rampenlicht gewöhnt, mit denen ich aber noch nie gepfiffen hatte. Da ich nun auch für diese beiden die Anreise zu organisieren hatte, dachte ich sofort an die bequemste Möglichkeit, suchte einen Flug Rom – Verona heraus und fragte nach, ob ich sie am Flughafen abholen solle. Doch zu meiner Verwunderung lehnten sie ab, ohne mir einen Grund zu nennen, und erklärten, sie wollten mit dem Zug fahren. Das leuchtete mir nicht ein, und so versuchte ich noch eine Weile, sie zu überzeugen, bis sie dann irgendwann die Karten auf den Tisch legten. Ich erfuhr, dass einer der beiden, Ramicone, allein schon bei dem Gedanken, ein Flugzeug zu besteigen, in Panik geriet und deshalb auch für die entferntesten Ziele beschwerliche Zugreisen auf sich nahm. Doch andererseits … Wenn ein Dennis Bergkamp in seinen Vertrag mit Arsenal die Klausel aufnehmen lassen kann, dass er an Auswärtsspielen, zu denen die Anreise mit dem Flugzeug vorgesehen ist, nicht teilnehmen muss, kann auch ein Schiedsrichter wie Ramicone beschließen, mit dem Zug von Rom nach Verona zu fahren. Ich hätte es nur wissen müssen …

Die Begegnung endete 1:0 für Verona, und die Kommentare waren sehr positiv. Ich erinnere mich noch, wie man Casarin auf dem Weg aus dem Bentegodi, dem Stadion von Verona, interviewte. Er äußerte sich sehr schmeichelhaft über meine Leistung, und ich lief neben ihm mit dem Gesichtsausdruck eines Kindes, das gerade sein Lieblingseis bekommen hat.

Weitere besondere Begegnungen waren natürlich die Endspiele bei den großen Turnieren, wie das der Olympischen Spiele 1996 in Atlanta. Meine Ansetzung war damals eine echte Überraschung, denn beim olympischen Fußballturnier war ich noch einer der jüngsten Referees. Erst ein Jahr zuvor hatte ich meine internationale Karriere begonnen. Ich wusste, ich hatte ein gutes Turnier gemacht, hatte meine Spiele ordentlich geleitet, doch ganz ehrlich, ich glaubte nicht, zum Kreis derer zu zählen, die realistischerweise daran denken durften, vielleicht das Finale zu pfeifen. Doch als dann mit dem Näherrücken des Turnierhöhepunkts die Zahl der Schiedsrichter nach und nach abnahm und ich sowohl bei den Viertel- als auch den Halbfinalbegegnungen draußen blieb, begann ich doch daran zu denken, dass ich jetzt eigentlich zu den ernsthaftesten Kandidaten zählen müsste.

In solch einer Situation ist man ja hin und her gerissen. Immer wenn die Ansetzungen für die nächste Runde eines Turniers bekannt gegeben werden und der eigene Name nicht erscheint, erfüllt einen eine Mischung aus Enttäuschung und Zufriedenheit. Richtig freuen kann man sich nicht, denn nur zuzuschauen macht keinen Spaß, und vor allem fehlt einem die Gewissheit, in einer der nächsten Runden des Turniers wieder zum Einsatz zu kommen. Aber daneben besteht eben die Hoffnung, dass man vielleicht nur für die wichtigsten Partien des Turniers, vielleicht sogar das Finale, aufgespart wurde.

Während der letzten WM lagen die Dinge ein wenig

anders. Damals waren die Erwartungen meinerseits doch etwas höher, eine Überraschung würde es nicht mehr geben, denn schließlich zählte ich 2002 zu den Schiedsrichtern mit der größten Erfahrung und damit zu dem kleinen Kreis derer, die sich Hoffnungen auf das Finale machen durften.

Und da meine Leistungen allgemein sehr positiv beurteilt wurden und die italienische Nationalmannschaft ausgeschieden war, wusste ich, dass ich gute Karten hatte, für das Finale ausgewählt zu werden. Das Ausscheiden der *Azzurri* im Achtelfinale, die Tatsache, im Viertel- und Halbfinale nicht eingesetzt worden zu sein, hatten mir die Riesenchance eröffnet, jenes große Spiel leiten zu dürfen. In solch einer Situation gibt es ja immer eine Menge Leute, die schon Bescheid zu wissen glauben, und so erreichte mich eine Reihe von Anrufen aus den »üblicherweise gut informierten Kreisen«. »Pass auf, die Sache ist klar«, versicherte man mir, »du pfeifst das Finale, du wirst sehen, glaub mir, da gibt's kein Vertun mehr.« Ich jedoch habe in solchen Fällen immer Zweifel, das heißt, ich bin sehr realistisch veranlagt und möchte die Dinge greifen können, bevor ich losjubele, und ehe ich mich über die Ansetzung für ein Spiel freue, warte ich lieber, bis ich die offizielle Bestätigung habe. So hielt ich es auch vor dem Finale in Japan, und in den Tagen vor der Bekanntgabe der Unparteiischen, die am 27. Juni erfolgen sollte, ging ich auch im Gespräch mit meiner Frau und meinen Freunden in Italien nicht wie selbstverständlich von meiner Ansetzung aus, sondern versuchte im Gegenteil, die Vorfreude der anderen zu bremsen, die die Sache schon als entschieden ansahen. Vielleicht war auch eine Brise Aberglauben auf meiner Seite dabei, die in solchen Fällen niemals schaden kann.

Hinzu kam, dass in den Tagen zuvor in Italien Stimmen laut geworden waren, die meine Ansetzung sehr bezweifelten. Und zwar wegen der Polemiken, die es um meine Teilnahme an einer Werbekampagne von Adidas gegeben hatte sowie der Tatsache, dass die beiden Finalisten von Adidas, Deutschland, beziehungsweise Nike, Brasilien, gesponsert wurden. Ich finde es unglaublich, dass solche Überlegungen immer nur dann angestellt werden, wenn es um Schiedsrichter geht, und niemals bei den Spielern. Und man komme mir jetzt nicht damit, ein Schiedsrichter müsse eben alles tun, damit bestimmte Vermutungen erst gar nicht aufkommen. Denn ich will für das beurteilt werden, was ich tue, und nicht für das, was irgendwer von mir glauben könnte.

Die Ausschusssitzung, bei der über die Schiedsrichter für das große und kleine Finale entschieden werden sollte, begann um acht Uhr morgens in der City von Tokio, in dem Hotel, wo sich die FIFA einquartiert hatte. Nach dem Ende der Sitzung kamen einige Ausschussmitglieder in das Hotel, wo wir untergebracht waren. Wir saßen gerade beim Mittagessen zusammen, und so hätte ich es nun für selbstverständlich gehalten, dass einer von ihnen sagen würde: »Darf ich einen Moment um Ruhe bitten, ich möchte kurz bekannt geben, auf wen die Wahl gefallen ist«, und sei es auch nur, um ein wenig von der Anspannung zu nehmen, die sich unterdessen zwangsläufig aufgebaut hatte. Ich weiß noch, wie wir alle versuchten, uns vollkommen gleichgültig zu geben. Dabei waren unsere Sinne bis aufs Äußerste angespannt, um noch den winzigsten Hinweis oder leisesten Unterton in den Worten derer zu erhaschen, »die Bescheid wussten«. Aber Fehlanzeige. Wir erfuhren lediglich, dass die offizielle Bekanntgabe für 14.30 Uhr angesetzt war, also eine weitere Stunde banger Erwartung, die irgendwie herumzubringen war.

Endlich war es so weit, die Stunde X war gekommen, und wir wurden in den Saal gerufen, wo normalerweise die gemeinsamen Spielanalysen stattfanden und in dem aus irgendeinem Grund zu diesem Zeitpunkt kein einziger Stuhl aufzutreiben war. So hockten wir uns alle auf den Boden, mit dem Rücken zur Wand. Zufälligerweise saß der andere Schiedsrichter, der meiner Ansicht nach mit mir zusammen am geeignetsten schien, das Finale zu leiten, der Schwede Anders Frisk, direkt neben mir, und ich weiß noch, dass er mir als Erster gratulierte, als dann die Ansetzung bekannt war.

Nach den Glückwünschen der Kollegen und den Umarmungen der anderen Mitglieder unseres Finalteams begannen die »Feierlichkeiten« außerhalb, die Anrufe nach Hause, die Bekanntgabe für die Öffentlichkeit und dann die wahre »Tortur«: In den folgenden sechs Stunden war ich unablässig am Telefon. Die ganze Welt schien mich anzurufen, und alle wollten etwas von mir, einen Kommentar, eine Meinung, eine Erklärung. Einen Tag lang arbeitete der Pressesprecher praktisch nur für mich, und ich muss sagen, es war wirklich aufreibend, stundenlang am Telefon mit Journalisten aus aller Welt zu reden. Zum Glück hatte die FIFA als letzten Zeitpunkt für Kontakte »nach außen« Freitag, 12.00 Uhr, festgelegt, gleich nach der offiziellen Pressekonferenz im Pressezentrum von Yokohama. Danach Schluss, aus; nun musste und vor allem konnte man damit beginnen, nur noch ans Spiel zu denken.

Man kann nicht immer gewinnen

Aber nicht immer wird das bange Warten vor einem wichtigen Ereignis belohnt, nicht immer darf man ein Finale pfeifen. Dass die Hoffnungen enttäuscht werden, erlebte ich bei zwei großen Turnieren: zum ersten Mal bei der WM ’98 in Frankreich, als gemäß der damals geltenden Regeln alle Schiedsrichter, deren Nationalmannschaften sich für das Viertelfinale qualifizierten, automatisch »freigestellt« wurden, eine euphemistische Umschreibung der Tatsache, dass wir aus dem Wettbewerb geflogen waren.

Ich erinnere mich, dass ich mir das Achtelfinalspiel Italien gegen Norwegen zusammen mit dem norwegischen Schiedsrichter Rune Pedersen ansah. Nach dem Spiel gratulierte er mir ganz herzlich zum Sieg der *Azzurri*, wahrscheinlich ohne sich darüber im Klaren zu sein, dass er sich in jenem Moment auch von mir verabschiedete, denn jener Sieg bedeutete für mich das Ende des Turniers. Mein Zimmernachbar war der Referee des Gastgeberlandes, auch ein Freund von mir und eine große Persönlichkeit, Marc Batta aus Marseille, und als am Tag darauf Frankreich Paraguay nach einem turbulenten Spiel durch ein Tor in der Verlängerung ausschaltete, klopfte ich bei ihm an und fragte ihn: »Nun, was machen wir? Sollen wir packen?« Und er: »Ja, sieht ganz so aus, als könnten wir anfangen, die Koffer zu packen.«

Nach dieser letzten Bestätigung durch den sicher gut informierten Schiedsrichter des Gastgeberlandes begann ich zwar nicht die Heimreise, jedoch drei, vier Urlaubstage mit meiner Frau in Paris zu planen. Das Turnier, das ich als Unparteiischer begonnen hatte, erlebte ich nun als Zuschauer weiter, denn das Viertelfinale Frankreich gegen Italien im Stade de France in Saint-

Denis ließen wir uns nicht entgehen. Es war zwar ein herrliches Fußballfest mit einer wunderbaren Stimmung, aber durch die Niederlage Italiens im Elfmeterschießen kam für mich zu der Enttäuschung als Schiedsrichter nun auch noch die als Fan hinzu.

Nicht viel anders erging es mir bei der EM 2000 in Holland und Belgien. Ich war für das Viertelfinale Frankreich gegen Spanien angesetzt, und am Abend zuvor spielte die italienische Nationalmannschaft ihre Viertelfinalbegegnung gegen Rumänien. Ich sah mir das Spiel in meinem Hotel in Brügge an, und als Italien gewann, wusste ich mit Sicherheit, dass die Begegnung am folgenden Tag definitiv meine letzte bei diesem Turnier sein würde. Auch wenn die offizielle Mitteilung durch den Schiedsrichter-Ausschuss erst nach der letzten Viertelfinalbegegnung, wenn wir uns alle im Hauptquartier in Brüssel einfinden sollten, erfolgen würde. Das waren die Regeln, und ich bemühte mich, noch einmal mein Bestes zu geben, nun auch in Anbetracht der Tatsache, dass ich keine weitere Gelegenheit mehr haben würde, mich in Szene zu setzen.

Und außerdem, auch wenn man darauf vorbereitet ist, brennt doch ein Flämmchen der Hoffnung in einem weiter. »Wer weiß«, kommt es einem gegen alle Vernunft in den Sinn, »vielleicht sind insgeheim die Regeln doch geändert worden …« Doch so ist es nicht. Und wenn dann die Liste mit den Schiedsrichtern verlesen wird, die weiter pfeifen dürfen, und der eigene Name nicht darunter ist, tut das schon ein wenig weh. Man verlässt die Sitzung, um die Koffer zu packen, verabschiedet sich noch einmal von allen, mit denen man so lange Zeit den Alltag geteilt hat, und das Herz wird schwer.

Doch das ist in dem Moment überwunden, da einem klar wird, was der Ausschluss auch bedeutet: bald die Familie wiederzusehen. Genau umgekehrt habe ich es bei der letzten WM erlebt, als die Freude über die Nominierungen getrübt wurde durch den Gedanken, noch eine Weile von zu Hause fernbleiben zu müssen. In diesem Zusammenhang erinnere ich mich an ein Interview mit dem italienischen Nationalspieler Christian Panucci am Tag vor der Abreise der Mannschaft nach Japan. »Was bedeutet diese WM-Teilnahme für dich?«, wurde er gefragt, und er gab zur Antwort: »Das wird sicher ein phantastisches, wunderschönes Erlebnis werden. Für einen Fußballprofi ist eine WM immer die Krönung seiner Laufbahn. Aber man darf auch nicht vergessen, dass wir lange Zeit von zu Hause weg sind, und das wird für alle noch schwer werden.« Da kann ich jedes Wort unterschreiben. Trotz der fabelhaften Gastfreundschaft und meiner sportlichen Erfolge waren die zweiundvierzig Tage in Japan auch sehr belastend, weil meine Familie, mein Zuhause, so weit fort war.

Meine Hoffnungen, auch einmal das Finale der Champions League leiten zu dürfen, schienen sich hingegen lange nicht erfüllen zu wollen. Von 1991 an hatte Italien immer einen Finalisten in diesem Wettbewerb gestellt, und deshalb waren italienische Schiedsrichter stets automatisch vom Finale ausgeschlossen gewesen. In der Saison '98/99 stieß Juventus Turin wieder mal ins Halbfinale vor, und auch diesmal sah alles danach aus, als bräuchte ich mir erst gar keine Hoffnungen zu machen. Beim Hinspiel in Manchester schaffte Juve ein 2:2 gegen ManU und hatte im Rückspiel zu Hause alle Trümpfe in der Hand, um sich für das Endspiel in Barcelona zu qualifizieren. Wenige Minuten nach dem Anpfiff lag Juve schon 1:0 in Führung, und als dann vor der Halbzeitpause auch noch das 2:0 fiel, schien die Sache gelaufen. Doch Manchester drehte den Spieß noch um, gewann 3:2 und qualifizierte sich mit diesem Ergebnis für das Finale gegen Bayern München. Ein Spiel, in dem endlich auch mal wieder ein italienischer Schiedsrichter zum Einsatz kommen konnte. Und zu jener Zeit war eben ich der italienische Schiedsrichter, der die Voraussetzungen dazu mitbrachte, hatte ich doch eine sehr positiv verlaufene Saison auf europäischer Ebene hinter mir. Doch jene Nominierung, die ich fast für eine reine Formsache hielt, rückte dann durch die Worte des damaligen Präsidenten der AIA und Mitglieds der UEFA-Schiedsrichterkommission, Sergio Gonella, wieder in weite Ferne für mich. Klipp und klar erklärte er mir gegenüber, dass meine Aussichten doch nur gering seien. Das war schon ein Schlag, und ich konnte mir auch nicht erklären, worauf sich seine Skepsis gründete. Bis heute weiß ich noch nicht, was damals hinter den Kulissen vor sich ging. Aber sei's drum, jedenfalls verwandelte sich meine Enttäuschung im Verlauf weniger Wochen in den damaligen Höhepunkt meiner Karriere. Das Finale der Champions League entspricht auf Clubebene praktisch dem Endspiel einer Weltmeisterschaft. Zwei der renommiertesten Mannschaften Europas standen sich in einem der schönsten Stadien Europas, dem Camp Nou in Barcelona, gegenüber, einer imposanten Sportstätte in der Stadt Europas, die mir am besten gefällt. Eine schwere Geburt für ein unvergessliches Erlebnis.

Immer auf Achse

Doch kommen wir nun zu einer anderen Zeit des Wartens, nämlich dem Tag und den Stunden, die dem Spiel vorausgehen. Wie viele Samstagabende werde ich wohl schon allein im Restaurant gesessen haben?! Und dabei hasse ich es, allein zu essen. Mich überkommt dann eine unendliche Traurigkeit, ja, ich kann sagen, ein Restaurant zu betreten, Platz zu nehmen und allein zu essen, das entspricht für mich ziemlich genau meinem Bild von einem »bemitleidenswerten Menschen«. Es konkurriert höchstens noch mit dem Kinobesuch allein, besonders am Samstagabend, wenn »normale« Leute üblicherweise in Gesellschaft ausgehen. Aber auch solche Kinoabende habe ich sehr viele erlebt. Darüber hinaus kam es sehr häufig vor, dass man als Schiedsrichter für Begegnungen weit entfernt vom Wohnort angesetzt wurde und deshalb schon am Samstag anreisen musste, während die Linienrichter, die üblicherweise aus Orten in der Gegend kamen, erst am Sonntagmorgen am Spielort eintrafen. Und so blieb einem nichts anderes übrig, als allein auf dem Zimmer vor dem Fernseher zu essen und dann eben ein Buch zu lesen. Heute ist die Situation sehr viel angenehmer, das heißt, auch die Schiedsrichterassistenten reisen immer schon am Vorabend an, und so läuft man nicht mehr Gefahr, seine Abende allein verbringen zu müssen.

In den Stunden vor dem Spiel geht es auch immer darum, zur Ruhe zu kommen, die Feinabstimmung mit den Mitgliedern meines Teams, den Assistenten also, zu finden und den Rhythmus der Vorbereitung mit seinen vielen kleinen Ritualen. Dieselben Gewohnheiten, Dinge, Tätigkeiten, häufig auch Gedanken: Für mich ist das sehr wichtig, um auf dem Platz mein Bestes geben zu können, und das erklärt auch, warum ich mir immer ruhige, wenig frequentierte Hotels aussuche. Und viele Male entschloss ich mich dazu, besonders als meine Töchter noch klein waren, im Hotel zu übernachten, obwohl das Spiel in einer Stadt in der Nähe meines Wohnorts Viareggio ausgetragen wurde, Lucca zum Beispiel, wo das Stadion nicht mehr als zwanzig Autominuten von meinem Haus entfernt ist. Und meine Frau hat mich auch nie zu einem Spiel begleitet, weil das meinen gewohnten Ablauf stören könnte.

Obwohl ich es mit der Hotelauswahl so genau nehme, geriet ich einmal in eine absurde Situation. Es war mein Debüt in der Serie C, in Mestre, ein Spiel der Heimmannschaft gegen Carrara. Wie üblich buche ich das Hotel und treffe am Samstagabend bei dichtestem Nebel dort ein. Als ich das Foyer betrete, läuft mir als Erster der Trainer der toskanischen Mannschaft über den Weg. Ich schaue ihn verdutzt an und denke: »Was macht der denn hier?« Dann erfahre ich, dass er wegen des Nebels mit seiner Mannschaft nicht zum gebuchten Hotel fahren kann und dass man daher im letzten Moment beschlossen hat, in dem von mir ausgesuchten abzusteigen. Ich überlege, was ich machen soll, und entscheide mich zu bleiben. Ich unterrichte den Schiedsrichter-Ausschuss, und dann beginnt ein Aufenthalt unter dem Motto »sich bloß aus dem Weg gehen«. Abends ist das noch kein Problem, doch am Tag drauf deckt man uns zu Mittag in zwei Bereichen, indem man eigens eine Trennwand zwischen den Tischen aufstellt. Damit ist die Form gewahrt, und außerdem ist auch meine Unparteilichkeit bei Tisch, ob ich nun pfeifen muss oder nicht, nie ernstlich in Frage gestellt.

Schmerzhafte und freudige Überraschungen

Zuweilen kann der Vorlauf einer Partie wirklich problematisch werden. Ich erlebte das vor einigen Jahren ausgerechnet kurz vor dem wichtigsten Vorabend des Jahres, dem Heiligen Abend.

Gespielt werden sollte am 23. Dezember, und ich war für das Spiel Neapel gegen Parma im Stadion San Paolo angesetzt. Da ich ein paar Stunden länger zu Hause bleiben wollte, buchte ich den letzten Flug von Pisa, mit Zwischenstopp in Rom, und traf am späten Abend in Neapel ein. Bei mir war Marcello Gini aus Lucca, einer der beiden Schiedsrichterassistenten, während der zweite direkt aus dem Süden eintreffen sollte. Wie immer, wenn ich abends den letzten Flug nehme, plante ich, den Aufenthalt in Rom zu nutzen und im Flughafenrestaurant von Fiumicino zu Abend zu essen. Doch mein Begleiter, übrigens auch ein Trainingspartner, der damals nach der Saison aufhören wollte, meinte zu mir: »Komm, heute ersparen wir uns ausnahmsweise mal das Essen auf dem Flughafen, gehen wir in Neapel in ein Restaurant essen …« Ich mochte den Freund nicht enttäuschen, obwohl es mir nicht so wichtig war, und willigte ein: »Na gut, einverstanden. Dann fahren wir in Neapel gar nicht beim Hotel vorbei, sondern gleich zu Ciro in Mergellina. Aber trödeln dürfen wir nicht.« Wir landen pünktlich, nehmen uns ein Taxi und lassen uns zu Ciro bringen. Noch in den Mänteln, bestellen wir, mit der Bitte, uns nicht lange warten zu lassen, und noch bevor ich Platz nehme, nähere ich mich raschen Schrittes dem Treppchen, das zur Toilette führt, um mir die Hände zu waschen. Leider achte ich in der Eile nicht darauf, dass die Toilettentür ziemlich niedrig ist, und nach einem mächtigen Schlag gegen den Schädel finde ich mich auf den Stufen sitzend wieder. Als

Erstes spüre ich, dass mir etwas Feuchtwarmes über den Kopf rinnt; ich lege die Hand darauf, sie ist voll Blut. Benommen bleibe ich einen Moment sitzen und lausche dem Ping-Ping, wie mein Blut zu Boden tröpfelt. Dann fange ich mich und rufe um Hilfe, und gleich darauf ist schon jemand da, der Eis bringt. Mein Kopf tut höllisch weh, und sofort entbrennt eine Diskussion zwischen den Helfern, die, wie Marcello Gini, meinen, es sei nur ein Kratzer und mit ein wenig Eis gleich überstanden, und anderen, die mich zur Notaufnahme ins Krankenhaus fahren wollen, damit die Wunde dort genäht werden kann.

Es geht hin und her, bis plötzlich jemandem einfällt, dass ein bekannter Schönheitschirurg im Restaurant bei Tisch sitzt. Der Arzt lässt sein Essen stehen, eilt herbei, untersucht mich und entscheidet: »Die Wunde ist ziemlich breit. Das sollte besser genäht werden.« Aber damit habe ich ein Problem, denn ich weiß: Wenn ich nun ins Krankenhaus fahre, um mir vor solch einem Spiel eine Kopfwunde nähen zu lassen, ist das am nächsten Tag in aller Munde und der Trubel groß. Also frage ich nach, ob es nicht noch eine andere Lösung gebe. Und ich habe Glück: Der Restaurantbesitzer bringt den Arzt doch tatsächlich dazu, aus seinem Wagen, der zwanzig Fußminuten entfernt steht, den Arztkoffer zu holen und in einem Hinterzimmer des Restaurants, das zum Operationssaal wird, unter einer Lampe den »Eingriff« vorzunehmen. Sechs Stiche, eine perfekte Arbeit, keine Narbe, und mit einem hautfarbenen Pflaster darüber merkt niemand was davon, noch nicht einmal am nächsten Tag bei den Naheinstellungen der Fernsehkameras.

Fazit: Wenn ich mir heute vornehme, am Flughafen zu essen, tue ich das auch und lasse mich durch nichts und niemanden davon abbringen.

Eine ganz andere, aber auch besondere Zeit der Erwartung waren die Tage vor der Geburt unserer zweiten Tochter Carolina. Ich weiß nicht, ob sich meine Frau vielleicht absichtlich beim Termin verrechnet hatte, jedenfalls sollte die Entbindung Anfang April stattfinden. Um nun nicht Gefahr zu laufen, die Geburt zu verpassen, hatte ich darauf verzichtet, die Endphase eines Turniers in Belgien für U-18-Nationalmannschaften zu pfeifen. Aber Carolina kam nicht. So sagte ich eben nach und nach noch ein paar Spieltage der Meisterschaft ab. Jedoch von Carolina immer noch keine Spur. Bis ich schließlich, da waren bereits einige Wochen seit dem errechneten Geburtstermin vergangen, die Geduld verlor und darum bat, wieder eingesetzt zu werden, und man mich für das Spiel Cagliari gegen Padua einplante. Selbstverständlich gingen meine Frau und ich, bevor ich mit einem für den Notfall bereitstehenden Schiedsrichter nach Sardinien aufbrach, noch einmal zum Frauenarzt, und der erklärte, nach einer Untersuchung am Cardio-Tokographen, im Brustton der Überzeugung: »Vor Mittwoch oder Donnerstag wird sich da nichts tun. Die Signora kann wieder nach Hause, und Sie können sich beruhigt auf die Reise machen.« Also bringe ich, durch die Worte des Arztes beruhigt, meine Frau zurück, fahre zum Flughafen und nehme die Maschine nach Cagliari. Im Hotel angekommen, rufe ich sofort zu Hause an: Alles in Ordnung, höre ich, ich kann mich also ruhig schlafen legen. Geweckt werde ich um halb acht am nächsten Morgen durchs Telefon. Meine Schwiegermutter ist dran und gratuliert mir: Ich bin zum zweiten Mal Vater geworden.

Nun bin ich nicht der erste Schiedsrichter, der so etwas erlebt hat, was noch einmal zeigt, wie ernst wir unsere Tätigkeit nehmen. Um unsere Aufgabe nicht zu vernachlässigen, riskieren wir es sogar, solch einschneidende Ereignisse in unserem Privatleben zu verpassen.

Im Stadion

Aber wie sehen für einen Unparteiischen eigentlich die Stunden direkt vor dem Spiel aus? Es versteht sich von selbst, dass er sie, ebenso wie die Spieler, ganz anders als die Zuschauer erlebt. Während diese in freudiger Erwartung feiern und singen, geht es für uns darum, zu voller Konzentration zu finden und dabei doch entspannt und ruhig zu bleiben, was mir eigentlich relativ gut gelingt. Wenn ich das Mittagessen beendet habe, bemühe ich mich nur noch, die äußerste Konzentration zu erreichen. Es wird nicht mehr geflachst, und ich beginne wirklich, mit dem Kopf nur noch beim Spiel zu sein, und das, wenn auch nicht in absoluter Stille, so doch in größtmöglicher Ruhe. Jetzt ertrage ich keine Störungen mehr, etwa wenn zum Beispiel jemand mit dem Ball an der Wand der Umkleidekabine dribbelt, und versuche jede Form von Ablenkung und Unordnung zu vermeiden, auch wenn sie nur von einer »falschen«, nicht sinnvollen Anordnung der Kleidung oder der Dinge, die ich brauche, herrührt.

Dadurch, dass wir das Vorfeld einer Partie so anders als die Zuschauer erleben, versäumen wir Unparteiischen manchmal spektakuläre Events, wie zum Beispiel das Duett zwischen Monserrat Caballé und Freddie Mercury – Letzterer natürlich nur per Video anwesend –, das eine Stunde vor dem Champions-League-Finale in Barcelona aufgeführt wurde.

Traditionell treffen die Schiedsrichter ungefähr anderthalb Stunden vor Spielbeginn im Stadion ein, und so halte ich es selbst auch, komme höchstens noch eine Viertelstunde früher.

Beim WM-Finale waren meine Assistenten und ich zweieinhalb Stunden früher da, was aber daran lag, dass der japanische Kaiser ungefähr zwei Stunden vor Spielbeginn erwartet wurde. Und wir wussten, von da an würde alles abgesperrt sein. Also mussten wir vor ihm eintreffen, wodurch sich aber die Zeit in der Kabine nun arg in die Länge zog. Die neunzig Minuten vor dem Spiel brauche ich aber unbedingt, und auch dann muss ich noch – ich weiß auch nicht, wieso – die letzten Handgriffe immer in aller Eile erledigen.

Obwohl ich mich bemühe, sorgfältig auf jedes Detail zu achten, kann es unvorhergesehene Zwischenfälle geben, an denen alles scheitert, wie damals, als ich – ich pfiff noch in der Serie C – um ein Haar gar nicht ins Stadion gekommen wäre. Ich war für die Begegnung La Spezia gegen Lucca, ein von den Voraussetzungen her sehr wichtiges Spiel, angesetzt. Damals lebte ich noch in Bologna und konnte daher Spiele von Lucca pfeifen, was heute, da ich in der Nachbarstadt Viareggio wohne, nicht mehr möglich wäre.

Wie gesagt, dem Spiel wurde von allen Seiten entgegengefiebert, denn in der vorherigen Saison hatte Lucca La Spezia am letzten Spieltag eine schmerzliche Niederlage zugefügt und damit deren Aufstieg in die Serie B verhindert. Daher warteten die Fans von La Spezia nur auf die Gelegenheit, die Schmach zu »rächen«. Zufällig war mir nun in den Tagen zuvor der Wagen gestohlen worden, und ich hatte meinen Vetter gebeten, mir seinen nicht mehr ganz neuen roten R4 zu leihen. Die Familie meiner Frau lebte in Viareggio, und so fuhren wir beide am Samstagnachmittag von Bologna los und trafen gegen Abend in Viareggio ein. Als »perfekter Profi« schlief ich in einem Hotel, während meine Frau zu ihrer Mutter fuhr. Am Morgen frühstückte ich noch und machte mich dann im Wagen auf den Weg. Unterwegs überlegte ich, dass es doch tatsächlich stimmte, was man sich über den R4 erzählte: Er verbrauchte fast nichts. Die Tankuhr zeigte praktisch immer noch das Gleiche an, wie bei Fahrtbeginn in Bologna. Ich war noch ungefähr zwanzig Kilometer von La Spezia entfernt, in der Nähe von Carrara, als der Motor plötzlich zu stottern begann. Ich schaffte es gerade noch, rechts auf die Standspur rüberzuziehen, bevor er definitiv den Dienst versagte. Nach einigen vergeblichen Versuchen, ihn wieder anzulassen, hielt ich den Daumen raus – damals waren Handys noch eine Seltenheit –, hatte Glück und ließ mich zur Mautstation von Carrara bringen. Mit einem Abschleppwagen des Motorclubs ACI kehrten wir zum Auto zurück. Und es dauerte nicht lange, bis meine Helfer festgestellt hatten, dass der Tank vollkommen trocken war. Da hatte mein Vetter doch ganz vergessen, mir zu erzählen, dass die Tankanzeige defekt war. Man half mir mit ein paar Litern Benzin aus. Ich machte mich wieder auf den Weg und traf gerade mal eine halbe Stunde vor Anpfiff im Stadion ein. Die Mienen der Funktionäre, die mich empfingen, wirkten angespannt – und ich sah wohl auch nicht viel gelassener aus. Man hatte schon damit gerechnet, dass die Partie ausfallen müsste. Doch trotz der Verspätung konnte ich noch pünktlich anpfeifen, und die Zuschauer merkten gar nicht, was geschehen war.

Manch einem mögen meine üblichen neunzig Minuten Vorbereitungszeit übertrieben vorkommen, und nicht selten höre ich von dem Taxifahrer, der mich zum Stadion bringt: »Was, jetzt schon ins Stadion, so früh …? Das Spiel beginnt doch erst um …« Man denkt wahrscheinlich nicht daran, dass die Vorbereitung ziemlich zeitaufwändig ist, und daher könnte es vielleicht interessant sein, zu erfahren, was in der Umkleidekabine vor sich geht.

Obwohl jeder Schiedsrichter seine persönlichen Gewohnheiten hat, gibt es in den Grundzügen nur wenige Unterschiede. Was man beim Eintreffen im Stadion als Erstes erledigt, ist die Platzbesichtigung. Man prüft, ob die Linien richtig gezogen sind, kontrolliert die Tore und vor allem die Netze, die keine Löcher aufweisen dürfen und ordnungsgemäß am Boden befestigt sein müssen. Bei Spielen in Italien überlasse ich diese Aufgabe üblicherweise den Assistenten, während ich in der Kabine bleibe und schon damit beginne, mich um das »Arbeitsgerät« zu kümmern, Schuhe, Trikot etc.

Zwischen den Umkleidekabinen in den Stadien gibt es große Unterschiede: Die Bandbreite reicht von riesigen, multifunktionalen Räumen bis zu jenen winzigen Kämmerchen, in denen sich kaum vier Personen gleichzeitig umziehen können. Ich weiß noch, wie enttäuscht ich war, als ich zum ersten Mal in der Kultstätte des Fußballs, dem Wembley-Stadion in London, eintraf: Unsere Kabine war mehr als klein und unzureichend ausgestattet, aber, ein schwacher Trost, die der Spieler sah auch nicht viel besser aus. Bleibt zu hoffen, dass das neue Stadion in Wembley, das jetzt in Planung ist, in dieser Hinsicht ein wenig mehr Komfort bieten wird.

Überrascht war ich auch damals in Zürich, als ich in unserer Kabine hinter einem kleinen Vorhang den Abstellplatz für Besen und Schrubber entdeckte. Traumhaft sind hingegen die Umkleideräume im Madrider Santiago-Bernabeu-Stadion, besonders jene von Real, mit riesigen persönlichen Spinden für die einzelnen Spieler, an denen ihr fast lebensgroßes Konterfei aus Plexiglas prangt.

Normalerweise geht es beim Eintreffen im Stadion noch sehr ruhig zu. Zuweilen aber ereignen sich auch unschöne Dinge, die man kaum glauben möchte. Einmal habe ich erlebt, wie mehr als eine Stunde vor dem Anpfiff das Spielfeld gestürmt wurde. Wir standen auf dem Rasen, als einige Fans der Heimmannschaft den Zaun überkletterten und aufs Feld stürmten, und das selbstverständlich nicht, um den Spielern der Gastmannschaft viel Glück fürs Spiel zu wünschen.

Leider versuchen manche Fans, speziell in den unteren Spielklassen, die Stunden vor dem Spiel dazu zu nutzen, den Schiedsrichter oder die Spieler der Gegenmannschaft ein wenig einzuschüchtern: Da wird der »feindliche« Bus mit Steinen beworfen, dass die Scheiben bersten, die Spieler werden beleidigt, der Schiedsrichter bedroht, und all das in der Überzeugung, es könne dabei helfen, das Spiel zu gewinnen. Dies ist ein übler Aspekt in der Fußballbegeisterung, vor dem man gerne die Augen verschließt. Aber man kann nicht so tun, als gebe es ihn nicht. Andererseits ist gerade dies auch wieder ein Beweis dafür, mit welchem Idealismus wir Schiedsrichter uns unserer Sache verschrieben haben. Denn zuweilen gerät man, wie gesagt, vor allem in den Amateurklassen wirklich in Situationen, in denen man um Leib und Leben fürchtet. Da brechen plötzlich die Dämme, und man muss mit allem rechnen, egal, ob man nun gut gepfiffen hat oder nicht. Denn für die Masse zählt dann einzig und allein noch das Resultat. In letzter Zeit hat es leider auch vermehrt in den Jugendspielklassen Übergriffe gegen Unparteiische gegeben, zuweilen gar von Seiten der Eltern der jungen Spieler, und wenn man die Berichte der Sportgerichte liest, kann man manchmal nur noch ratlos den Kopf schütteln.

Versuchte man zu ergründen, warum sich immer noch junge Schiedsrichter in die Höhle des Löwen begeben, würde man wohl nicht viele Antworten erhalten. Ich für meinen Teil kann nur sagen, dass ich zu meiner Zeit die

»riskanten« Begegnungen richtig gesucht habe, jene Spiele mit der größten Rivalität zwischen den Vereinen, den Städten oder Stadtteilen. Denn das waren die Spiele, die die größte Befriedigung brachten, wenn man sie gemeistert hatte. Eigentlich wollen alle Schiedsrichter die spannendste Partie pfeifen, ein klassisches Derby oder eine Begegnung, bei der es um alles oder nichts geht, Abstieg, Aufstieg oder Meisterschaft, möglicherweise auf einem aufgeheizten Spielfeld des Südens, obwohl es dort bekanntermaßen für uns am riskantesten ist. Ich weiß noch, wie stolz ich war, wenn ich zum »Spiel des Tages« geschickt wurde. Ich empfand das als Auszeichnung, als Anerkennung, und verschwendete keinen Gedanken an die Gefahren, denen ich mich dort aussetzte.

Und wenn ich heute an gewisse Situationen zurückdenke, in denen ich mich plötzlich wiederfand, kann ich nur sagen: »*Mamma mia*«, nichts anderes als »*Mamma mia*«.

In der Kabine

Doch nehmen wir an, ich sei ohne Probleme, wie es ja auch zum Glück allermeistens der Fall ist, zu meiner Umkleidekabine gelangt. Häufig werde ich gefragt, ob ich hier meine Rituale habe oder aus Aberglauben manche Dinge nur auf eine bestimmte Art und Weise erledige. Im Grunde bin ich ein methodisch vorgehender Mensch, und deshalb erledige ich vieles nicht deshalb in einer ganz bestimmten Reihenfolge, weil es mir Glück bringen soll, sondern weil ich es so gewohnt bin. Und ich bin überzeugt, solche Gewohnheiten vereinfachen mir die Aufgabe.

Aber mir ist auch klar geworden, dass in den letzten Jahren die Aufmerksamkeit, die ich der Erledigung mancher Dinge beimesse, nicht mehr, wie soll ich sagen, ganz so übertrieben ist. Ich erinnere mich, dass ich 1995 als Ersatzschiedsrichter für Pier Luigi Pairetto im EM-Qualifikationsspiel Bulgarien gegen Deutschland eingesetzt war. Pairetto war damals der wichtigste italienische Schiedsrichter, ein sehr erfahrener Mann, und so war ich doch sehr überrascht, als er, nachdem er eine Weile in seiner Tasche herumgesucht hatte, feststellen musste, dass er etwas nicht Unwichtiges vergessen hatte. Ich weiß noch, dass ich damals dachte: »So wie ich gestrickt bin, könnte mir das nicht passieren.« Seit damals sind einige Jahre vergangen, und in dieser Zeit ist es mir mehrere Male passiert, dass ich erst im Stadion bemerkte, dass mir etwas Wichtiges fehlte, einmal sogar die Fahnen, und das nicht in einer x-beliebigen Partie, sondern im Champions-League-Finale in Barcelona. Bei internationalen Begegnungen ist es eigentlich üblich, den Assistenten die Fahnen vor Beginn der Reise auszuhändigen, im Unterschied zu Italien, wo der Schiedsrichter sie ins Stadion mitbringt. Doch in diesem Fall – ich weiß auch nicht mehr, warum – hatte ich sie im Gepäck und nahm sie deshalb in mein Hotelzimmer mit. Offensichtlich dachte ich anderntags nicht mehr daran, und erst in der Umkleidekabine im Camp Nou merkten wir, dass wir ohne dastanden. Zunächst Augenblicke der Panik, dann baten wir die Polizei um Hilfe, und schon eine halbe Stunde später war ein Polizist der Motorradstaffel mit den Fahnen wieder bei uns.

Pfeife, Uhr, gelbe und rote Karten, das Notizbüchlein und all die anderen Utensilien, die ich für meine Tätigkeit brauche, wähle und behandle ich nicht nach Gesichtspunkten, die irgendwas mit Aberglauben zu tun haben. Wonach ich mich richte, sind immer einzig und allein ganz banale Gewohnheiten.

Vielleicht der einzige Gegenstand, den ich nicht eintauschen würde, ist ein halber Silberdollar, den ich für die Seitenwahl an der Mittellinie brauche. Nicht dass ich krankhaft daran hängen würde, aber wenn ich ihn bei mir habe, fühle ich mich wohler. Ich weiß noch, wie ich ihn einmal bei einem Spiel der Serie B, Cesena gegen Verona, nach der Seitenwahl dem vierten Offiziellen, einem Schiriassistenten aus Florenz, übergeben hatte. Auf dem Weg in die Kabine wollte ich ihn zurückhaben, woraufhin er sich überall abklopfte und schließlich zu mir sagte: »Den hab ich nicht mehr.« – »Was soll das heißen, du hast ihn nicht mehr?«, erwiderte ich. »Tja, ich hab ihn wohl verloren«, gab er mir resigniert zur Antwort. Kurz darauf hockten wir alle am Spielfeldrand und suchten wie die Trüffelhunde nach dem halben Dollar. Aber es war zwecklos. Ich muss zugeben, dass es mir viel ausmachte, ja, dass ich richtig sauer wurde. Doch eine Woche später konnte mir der Masseur von Cesena die Münze zurückschicken, nachdem ein Carabiniere sie ihm ausgehändigt hatte. Ich war erleichtert, aber dennoch glaube ich, dass es mehr ein Gefühl als Aberglaube ist, was mich an den Silberdollar bindet.

Üblicherweise bringen Vertreter der beiden Vereine fünfundvierzig Minuten vor Anpfiff die Mannschaftsaufstellungen sowie die Trikots, damit wir die Farben gegeneinander halten können, da sich natürlich Trikots, Hosen und Strümpfe der Teams farblich gut voneinander unterscheiden lassen müssen. Und selbstverständlich auch von der Spielkleidung der Unparteiischen.

Nicht mehr »Mann in Schwarz«

Seit einigen Jahren können ja Schiedsrichter die Farbe ihrer Spielkleidung selbst aussuchen, nachdem sie jahrzehntelang zu der sprichwörtlich gewordenen »schwarzen Jacke« verpflichtet waren. Diese »schwarze Jacke« war ursprünglich tatsächlich ein richtiges Jackett mit vielen Knöpfen, unter dem ein weißes Hemd getragen wurde. Nur die Krawatte fehlte noch, aber vielleicht war sogar sie, als der Fußball noch in den Kinderschuhen steckte, mit dabei. Dieser Dress sagte schon alles darüber aus, wie wenig der sportliche Aspekt der Schiedsrichterrolle gesehen wurde. Der Unparteiische war ein Richter, zwar in kurzen Hosen, aber dennoch so seriös gekleidet, dass man seiner Rolle den nötigen Respekt entgegenbrachte. Dann, in den sechziger Jahren, ging man nach und nach mehr zu legereren Jacken mit langem Reißverschluss über, bis man sich schließlich zu den farbigen Trikots von heute durchrang. Als damals diese Trikots eingeführt wurden, erschien dazu ein Artikel von mir in der Florentiner Tageszeitung »La Nazione«. Ich schrieb damals, es handele sich hierbei um ein wichtiges Signal einer neuen Freiheit, ein kleines, aber richtiges Zugeständnis an die ästhetische Entscheidungsfreiheit eines jeden von uns, als Schiedsrichter und Mann.

Doch häufig kehrt man ja im Leben irgendwann wieder zum Ausgangspunkt zurück, und heute empfinde ich das schwarze Trikot wieder als das allerschönste. Nicht zufällig habe ich das WM-Finale in Schwarz geleitet. Schwarz ist nicht nur am schönsten, sondern auch am elegantesten, strahlt es doch gleichzeitig Seriosität und Stil aus.

Auch bei den verwendeten Materialien hat es eine bemerkenswerte Entwicklung gegeben: Schwere Stoffe sind hoch entwickelten Fasern gewichen, und auch die Schuhe sind technologisch auf dem neuesten Stand. Ein Beweis, wie sich das Bild des Schiedsrichters gewandelt hat. Man sieht heute in ihm den Sportler, nicht anders als in den Spielern auf dem Platz.

Wie schon erwähnt, sind wir seit der Einführung der farbigen Schiedsrichterbekleidung gezwungen, uns farblich noch aufmerksamer mit den Trikots der Teams abzustimmen. Ideal, aber nicht immer realisierbar ist es, wenn weder bei den Mannschaften noch bei den Unparteiischen ein Element der Spielkleidung die gleiche Farbe hat. Bis vor einigen Jahren sah man zum Beispiel noch beide Mannschaften mit schwarzen Hosen oder weißen Strümpfen auflaufen. Heute nicht mehr. Denn durch das höhere Tempo können die Spieler einander oft nur noch an den Farben der Strümpfe auseinander halten. Und auch für den Schiedsrichter und die Assistenten wird es noch schwerer, wenn alle gleichfarbige Strümpfe tragen.

Das Aufwärmen

Wir Schiedsrichter greifen heute fast alle auf die Hilfe von Masseuren für die erste Aufwärmphase zurück, an die sich dann das eigentliche Aufwärmen anschließt, das bis vor wenigen Jahren noch fast alle in der Kabine und sehr oberflächlich erledigten. Das sieht man heute kaum noch, und auch in Italien folgt man nunmehr immer häufiger dem Beispiel, das sich bei internationalen Begegnungen schon seit längerem bewährt hat, und erledigt sein Aufwärmprogramm auf dem Platz, ganz genau wie die Spieler. Leider glauben manche Leute immer noch, ein Schiedsrichter müsse eine Sonderrolle einnehmen, und so erlebte ich es vor nicht allzu langer Zeit, dass mir jemand, als ich auf dem Spielfeld mit meinen Stretching-Übungen beschäftigt war, zu erklären versuchte, solche Verrenkungen vor den Augen aller Leute würden meine Autorität herabsetzen.

Jeder von uns erledigt ein Aufwärmprogramm mit speziellen Übungen, die individuell zusammengestellt werden. Ich zum Beispiel beginne mit einem langsamen fünf-, sechsminütigen Einlaufen, in das ich einige »Schrittwechsel« in seitliche und diagonale Richtung einstreue. Anschließend Stretching, um die wichtigsten Muskeln und Bänder zu dehnen. Danach tue ich etwas für die Spritzigkeit, mit kurzen Sprints über zehn, zwanzig Meter, wobei ich beim Start mal betont die Fersen und mal betont die Knie hochziehe. Dann noch ein paar Dehnungsübungen, und ich bin so weit. Dauer insgesamt: vielleicht zwanzig Minuten.

Zehn Minuten vor dem Anpfiff geht's zurück in die Kabine, wo der vierte Offizielle mit dem Spielerappell beginnt. Es mag merkwürdig erscheinen, aber auch in der Serie A wird dieser Appell, *chiama*, wie er in der Toskana genannt wird, noch durchgeführt, nicht anders als in den unteren Spielklassen. Natürlich geht es hier nicht darum, die einzelnen Spieler kennen zu lernen, sondern zu überprüfen, ob die Spieler auf den Listen auch mit denen übereinstimmen, die aufs Feld laufen, und dass jeder die richtige Rückennummer trägt. Zudem wird geprüft, dass keine Gegenstände wie Ringe, Kettchen oder Armbänder getragen werden, mit denen man sich selbst oder Gegenspieler verletzen könnte. Gelegentlich drückt man auch schon mal ein Auge zu, obwohl es eigentlich nicht sein dürfte, etwa bei Spielern, die sich partout nicht von ihrem Ohrring, an dem sie anscheinend besonders hängen, trennen wollen.

Dann werden die letzten Vorbereitungen getroffen, so zum Beispiel der Empfänger für die Funksignale von den Fahnen der Schiedsrichterassistenten angelegt. Seit einigen Jahren sind ja Schieds- und Linienrichter miteinander verbunden, dank eines Pieptons, den jeder Assistent über seine Fahne am Empfangsgerät des Schiedsrichters auslösen kann. Durch dieses System kann ein Assistent den Schiedsrichter, wenn nötig, unverzüglich auf sich aufmerksam machen, um ihm eine Regelverletzung wie Abseits, Fouls oder dergleichen anzuzeigen.

Der Gang aufs Spielfeld

Kurz vor dem Anpfiff verlassen wir die Kabine und machen uns auf den Weg zum Spielfeld. Auch der sieht in jedem Stadion anders aus: Im Mailänder San-Siro-Stadion läuft man zum Beispiel eine lange Treppe hinunter, ebenso in Bologna, wo man eigentlich einen Fahrstuhl bräuchte, um aufs Spielfeld hinunterzukommen. In Neapel durchschreitet man einen nicht weniger als hundertfünfzig Meter langen Korridor, während man in Genua gleich hinter der Tür der Schiedsrichter-Umkleidekabine vor ein paar Stufen steht, die direkt auf den Platz führen.

Dieser »Spaziergang« aufs Spielfeld ist auch der Zeitpunkt für Begegnungen: mit Spielern, Trainern, Funktionären. Begrüßungen, Händeschütteln, ein paar Worte, auch Sprüche hier und da. Man sieht, wie sich frühere Mannschaftskameraden, die Freunde geblieben sind, herzlich umarmen, auch wenn sie sich schon ein paar

Minuten später, im Kampf um den Ball, ordentlich was auf die Knochen geben.

Komisch ist auch die Zeremonie des Händeschüttelns mit den beiden Mannschaftskapitänen, die man ja schon lange begrüßt und mit denen man vielleicht gerade noch geredet oder geflachst hat. Aber wenn dieses Ritual dazu dient, öffentlich vor allen Zuschauern zu bekunden, dass man sich gegenseitig in seinen Rollen respektiert und dieselben sportlichen Werte – das klassische »Möge der Bessere gewinnen« – teilt, so sei es mir willkommen.

Wobei ich sagen muss, dass es mir noch besser gefiele, wenn beide Mannschaften, wie im Volleyball oder Eishockey zum Beispiel, nach dem Abpfiff in Reihen aneinander vorbeizögen, um allen Gegnern die Hand zu schütteln. Das wäre eine schöne Form, um eine Begegnung für sportlich beendet zu erklären.

IV DAS SPIEL

Zutreffende Vorhersagen

Und so stehen wir nun endlich auf dem Platz. Das Spiel, jene neunzig Minuten oder wenig mehr, auf die alle Vorbereitungen ausgerichtet sind, all die über die Woche geleistete Arbeit, die vielen Stunden auf dem Trainingsplatz, kann beginnen.

Und jedes Mal wieder ist es eine Prüfung. Zunächst, um die Leiter hinauf zu den immer höheren Spielklassen zu erklimmen, dann, in der Serie A angekommen, um zu zeigen, dass man der Aufgabe auch wirklich gewachsen ist.

Jedes Spiel ist anders, jedes Spiel hat seine eigene Geschichte, und der Schiedsrichter muss in der Lage sein, vom ersten Moment an zu begreifen, welcher Art diese Partie sein wird, muss darauf vorbereitet sein, noch die kleinsten Nuancen wahrzunehmen. Kurzum, was er braucht, ist das richtige Gespür.

Eine gute Vorbereitung versetzt uns in die Lage, das vorherzusehen, was, abhängig von den speziellen Eigenschaften der Mannschaften und Spieler, auf dem Platz passieren kann, und, in groben Zügen, die Herangehensweise an ein Spiel zu planen.

Bei den meisten Spielen, und in besonderem Maße bei den wichtigsten, sind die Anfangsminuten entscheidend. Durch die ersten Entscheidungen, die ersten Pfiffe, entsteht ein Feeling, das den Spielern das »Maß« vorgibt. Vergeigt man nun die ersten Eingriffe ins Spielgeschehen, kann es einem passieren, dass die Schwierigkeiten bis zum Abpfiff gar nicht mehr aufhören. Ebenso ergeht es ja dem Spieler, dem die ersten Pässe misslingen, die ersten Dribblings; das nimmt ihm die Ruhe, die Sicherheit.

Es gibt keine Spielleitung, die immer passt: Die Qualität, die Klasse des Unparteiischen liegt in seiner Fähigkeit, seine persönliche Art der Spielleitung darauf abzustimmen, was der Spielverlauf oder, genauer, jeder einzelne Moment der Begegnung von ihm verlangt.

So gibt es Spiele oder Spielphasen, in denen der Unparteiische am besten nur ganz wenig pfeift, um den Spielfluss nicht zu unterbrechen und der Partie einen Rhythmus zu geben, vorausgesetzt, die Spieler erlauben es ihm. Das ist die Spielleitung, die in Italien gemeinhin »englisches Schiedsrichtern« genannt wird, eben weil auf der Insel körperbetontes Spiel von Spielern und Referees eher akzeptiert wird. In anderen Spielen oder in bestimmten Situationen kann solch eine »lange Leine« sehr riskant sein. Und daher muss ein Unparteiischer immer hellwach sein, um jederzeit seinen Bewertungsmaßstab ändern und den neuen Erfordernissen anpassen zu können.

Um das deutlich zu machen, schauen wir uns noch mal das Finale von Yokohama an.

»Mein Team« wusste nicht nur alles über die technischen und taktischen Eigenheiten der beiden Mannschaften, sondern war sich auch bewusst, dass die Spannung und Nervosität, die sich bei den Spielern in den Tagen und Stunden vor diesem bedeutenden Ereignis aufgebaut hatte, zu einigen Problemen führen könnte, vor allem in den ersten Minuten, diese Verkrampfung sich aber im Verlauf des Spiels immer mehr lösen würde. Die Anfangsphase würde entscheidend sein, und wenn wir hier richtig eingriffen, würde das schon fast die halbe Miete für »unseren Finalsieg« bedeuten. Und wir hatten Recht. In den ersten zehn Minuten gleich zwei Verwarnungen wegen groben Foulspiels, zunächst für den Brasilianer Roque Junior, dann für den deutschen Nationalspieler Miroslav Klose. Es ist gar nicht leicht, in ein WM-Finale einzusteigen und nach zehn Minuten bereits zwei Spieler verwarnt zu haben. Ein Gedanke drängt sich auf, der, wie ich gestehen muss, auch mich in diesem Augenblick beschlich: »Was, wenn ich zu voreilig war? Wäre es nicht besser gewesen, erst zu ermahnen und dann eventuell später die gelbe Karte zu zeigen?«

Nein, nein, das ist der falsche Weg. Denn in der Tat legten die Spieler die Anfangsnervosität bald ab und fanden sich mit den ersten gelungenen Aktionen immer besser in die Partie hinein. Und damit erhält man als Unparteiischer die Möglichkeit, das Spiel laufen zu lassen. Das heißt, man versucht, so wenig wie möglich einzugreifen, damit das Spiel einen Rhythmus bekommt und auch die Zuschauer eine packende Partie ohne allzu viele Unterbrechungen sehen können. Fazit: Diese beiden gelben Karten blieben die einzigen in dem ganzen Spiel, das manch einem als leicht zu pfeifendes erschienen sein mag, das aber nur, lassen Sie mich das sagen, wegen der ersten konsequenten zehn Minuten leicht für uns wurde.

Wenn ich sage, ein Schiedsrichter muss das richtige »Gespür« haben, meine ich damit, dass er auch ein guter Psychologe sein muss. Das heißt, er muss intuitiv erfassen, was hinter bestimmten Verhaltensweisen der Spieler steckt, damit er im Voraus weiß, was in Kürze auf dem Spielfeld ablaufen wird. Als guter Psychologe kann man auch bestimmte Unmutsäußerungen der Spieler, vor allem über Entscheidungen des Schiedsrichters, besser einordnen. Gewisse Formen des Protests kann man als Unparteiischer durchaus hinnehmen, etwa wenn wegen der Bedeutung des Spielausgangs die Spannung besonders hoch ist oder durch Ermüdung die Klarsicht und Selbstbeherrschung der Spieler herabgesetzt sind. Wichtig ist nur, dass der Schiedsrichter auch bei Protesten Herr der Lage bleibt und nicht unversehens in die Defensive gerät. Denn ein Respektverlust könnte für den weiteren Verlauf der Partie sehr unangenehme Folgen haben.

Ebenso bedeutsam wie die ersten sind auch die letzten Minuten einer Partie, vor allem dann, wenn das Resultat noch offen ist. Wie oft kommt es gerade kurz vor der neunzigsten Minute oder gar in der Nachspielzeit zu jener Episode, die dem Spiel ihren Stempel aufdrückt, es zuweilen ganz entscheidet.

Mehr als einmal habe ich es schon erlebt, dass ich wenige Minuten vor Abpfiff dachte: »Gut, es ist alles glatt gelaufen«, um gleich darauf von etwas Unvorhersehbarem unangenehm überrascht zu werden. Ich mag es nicht, von Pech zu reden, denn normalerweise hat jeder Mensch die Entscheidung über Glück oder Pech selbst in der Hand. Daher muss der Grund in etwas Konkreterem gesucht werden, und das könnte sein, dass die Spieler durch die Ermüdung zu Ende einer Partie gehäuft Fehler machen. Eine Ermüdung, von der auch der Schiedsrichter nicht verschont bleibt, so dass es ihm schwerer fällt, die richtige Entscheidung zu treffen.

Und damit wären wir wieder bei der konditionellen Vorbereitung. Es geht darum, auch in die letzten Minuten einer Partie in optimaler körperlicher Verfassung zu gehen und die äußerste Konzentration und Aufmerksamkeit bis zur letzten Sekunde aufrechtzuerhalten, auch wenn man spürt, dass alles glatt läuft und man das Spiel fest in der Hand hat.

Eine Endphase, die ich, ebenso wie die Fans der beiden Mannschaften, nie vergessen werde, ist die des Champions- League-Finales 1999 zwischen Manchester United und Bayern München.

In der phantastischen Atmosphäre des Camp Nou in Barcelona war Bayern vor mehr als 90 000 Zuschauern schon zu Beginn der ersten Halbzeit durch ein Tor von Mario Basler in Führung gegangen, und nun, kurz vor Schluss, hatte sich an diesem Spielstand noch nichts geändert. Die Deutschen hatten das Spiel kontrolliert, und die Engländer verstanden es nicht, Torchancen herauszuspielen. Im Gegenteil waren es sogar die Stürmer von Bayern, die die besseren Gelegenheiten auf dem Fuß hatten, mit einem Pfosten- und einem Lattentreffer und weiteren Aktionen, die ManU-Torwart Schmeichel zu tollen Paraden zwangen. Auf den Rängen beginnen die Bayernfans, gegenüber den Engländern in der Minderheit, bereits zu feiern, weil sie glauben, den Sieg schon in der Tasche zu haben. Es ist fast die neunzigste Minute, als ich dem Ersatzschiedsrichter Fiorenzo Treossi anzeige, dass ich drei Minuten nachspielen lassen will.

Die Nachspielzeit errechnet sich nach der Zahl der Auswechslungen, normalerweise dreißig Sekunden pro Auswechslung, der Verletzungen, bei denen ein Spieler mit der Trage vom Feld gebracht wird, üblicherweise eine Minute, und möglichem Zeitspiel, wenn ein Team das Ergebnis halten will. In der 45. Minute jeder Halbzeit zeigt der vierte Offizielle über eine elektronische Anzeigetafel allen an, wie viele Minuten nachgespielt werden.

So beginnen also die unglaublichsten drei Minuten des Fußballs, an die ich mich erinnern kann. Nach ungefähr zwanzig Sekunden lenkt Effenberg eine Hereingabe von links zur Ecke ab, und für den folgenden Eckstoß rückt sogar Schmeichel in den Bayern-Strafraum vor, in dem verzweifelten Bemühen, doch noch den Ausgleich zu schaffen. Der Ball segelt herein, wird etwas unglücklich von einem Bayern-Verteidiger aus dem Strafraum geschlagen, Giggs kann ihn aufnehmen und versucht aus sechzehn Metern volley draufzuhalten, ein Schuss, der zur Vorlage wird für Sheringham, der, unhaltbar für Kahn, ins Toreck verlängert.

Während die Engländer jubeln, trabe ich zur Mittellinie zurück und denke dabei: »Das hat ja gerade noch gefehlt … wer weiß, was jetzt in der Verlängerung noch alles passiert … So ein Pech!« Ich kann es auch jetzt nicht leugnen, nach diesem Ausgleich haben wir Unparteiischen uns nicht gerade gesehnt. Damit keine Missverständnisse aufkommen, möchte ich das genauer erklären: Für uns war das Spiel sehr gut verlaufen, es hatte keine umstrittenen Situationen gegeben, keine Proteste, das Ergebnis war gerecht, kurz, besser konnte man es sich als Schiedsrichter gar nicht erhoffen. Mit diesem Ausgleich aber lief nun alles auf eine Verlängerung hinaus, und damit stand auch unsere Leistung wieder in Frage, denn sollte es in den folgenden dreißig Minuten eine schwer zu entscheidende Szene geben, sollte ich mit einem Pfiff danebenliegen, würde alles, was wir bislang geleistet hatten, plötzlich nicht mehr zählen.

Doch das Ausgleichstor war nun mal gefallen, und so blieb nichts anderes zu tun, als weiterzumachen. Die Bayern stoßen an, doch Manchester kommt gleich wieder in Ballbesitz, ein Pass über fünfzig Meter erreicht Solskjaer, Kuffour geht dazwischen und kann erneut zur Ecke klären. Als Beckham diese ausführt, ist die 48. Minute angebrochen, es sind noch genau fünfundvierzig Sekunden zu spielen. Hoher Ball in die Mitte des Strafraums, Sheringham kommt mit dem Kopf ran, verlängert zu Solskjaer, der zwei Meter vor dem Tor kein Problem hat einzuschießen.

Ich bin sicher, niemand, der an jenem Abend dabei war, wird je den explosionsartigen Aufschrei der englischen Fans, ihr unglaubliches Gebrüll vergessen können. Und dann die Gesichter der Spieler, die von United, wie wahnsinnig vor Freude, liegen sich in den Armen, die Bayern, wie betäubt, starren ins Nichts, können nicht fassen, dass ihnen in nur zwei Minuten der Sieg noch entglitten ist. Sie sinken zu Boden, als sei ihnen plötzlich alle Kraft ausgegangen, körperlich und mental. Doch immer noch sind ein paar Sekunden zu spielen, und wie sang doch Freddie Mercury: »*The show must go on*«, die Show muss weitergehen. Also bewege ich mich zu dem am Boden liegenden Effenberg und gebe ihm einen aufmunternden Klaps auf die Brust, dann versuche ich den weinenden Kuffour hochzuziehen, und schließlich kann wieder angepfiffen werden. Wenige Sekunden, dann der Schlusspfiff, und wieder dieselben Szenen wie kurz zuvor, jubelnde Engländer, die wie aufgezogen übers Spielfeld rennen, die Bayern in Tränen, die einen auf Knien, die anderen mit dem Gesicht am Boden.

Wer hätte nur wenige Minuten zuvor geglaubt, dass die Partie solch ein Ende finden würde? Aber auch das ist Fußball, ein Spiel, bei dem innerhalb kürzester Zeit Jubel in abgrundtiefe Verzweiflung umschlagen kann, und umgekehrt, bei dem aus einem fast normalen Spiel das Finale des Jahrhunderts wird.

Unvorhersehbares

Zuweilen kann es auch vorkommen, dass man sich trotz bester, gewissenhaftester Vorbereitung auf dem Spielfeld Situationen gegenübersieht, die einfach nicht vorherzusehen waren. Und da sie eben nicht vorhersehbar waren oder zuvor schon einmal erlebt wurden, gerät man in die Lage, nicht auf seine Erfahrung zurückgreifen zu können, auf sein Wissen und seine Kenntnisse, aus denen man sonst schöpft, wenn es gilt, auf dem Platz wie auch im Leben alle Situationen zu meistern. Noch dazu, wenn einem gar nicht die Zeit bleibt, über die richtige Lösung nachzudenken.

Und hier liegt der Unterschied zum täglichen Leben auf der Hand. Ein gewissenhafter, vernünftiger Mensch wird angesichts einer neuen Lage zu sich sagen: »Halt, hier nehme ich mir einen Moment Zeit. Ich denke darüber nach, und dann entscheide ich.« Ein Anwalt, der sich einem Problem seines Mandanten gegenübersieht, auf das er nicht vorbereitet ist, hat die Möglichkeit, ja die Pflicht, wenn er seriös ist, zu sagen: »Gut, wir sehen uns in einer Woche wieder. Bis dahin habe ich mich in die Sache eingearbeitet.« Ein Arzt kann weitere Untersuchungen veranlassen, bevor er sich für die bestmögliche Therapie entscheidet. Und auch die Vertreter jenes Berufsstands, bei dem häufig Parallelen zum Schiedsrichter gesehen werden, die Richter also, ziehen sich vor der Urteilsverkündung zur Beratung zurück, bewerten, wägen ab und treffen dann ihre Entscheidung.

All das ist uns verwehrt.

Von uns wird auch in den unerwartetsten, unvorhersehbarsten Situationen unmittelbar, also im Bruchteil von Sekunden, eine Entscheidung verlangt. Und das ist alles andere als einfach.

Ich würde mir wünschen, dass dieser enorme Unterschied endlich auch von den Leuten gesehen wird, die sich, wie kürzlich erst wieder geschehen, gemütlich im Fernsehsessel eine Szene wieder und wieder, natürlich in Zeitlupe, ansehen können und dann verkünden: »Nein, Schiedsrichter sind wie Richter. Die dürfen sich einfach nicht irren.«

Genau genommen hat man als Referee in manchen besonders ungewöhnlichen Situationen doch ein wenig Zeit zur Verfügung, denn manchmal muss man warten, dass etwas passiert, und in dieser Zeitspanne, die manchmal sogar relativ lang ist, kann man sich die Szene noch einmal bewusst machen, nachdenken und eine Lösung finden.

Als Schiedsrichter mit einer schon relativ langen Laufbahn kann ich, allein schon aus statistischen Gründen, auf eine reiche Sammlung außergewöhnlicher Situationen zurückblicken.

Eine davon trug sich 1997 zu, während einer Begegnung zwischen Inter Mailand und Juventus Turin, ein Klassiker der italienischen Meisterschaft und auch in jenem Jahr mit Hochspannung erwartet, da beide Teams die Tabelle anführten. Wie gewöhnlich war das San-Siro-Stadion restlos ausverkauft, und ich kann versichern, vor mehr als achtzigtausend Zuschauern im »Meazza« ist es für keinen Akteur einfach, egal, ob Spieler oder Schiedsrichter. Man fühlt sich fast erdrückt von dieser Menschenmauer, die einen überragt, und ihr Geschrei geht unter die Haut, nimmt einem den Atem. Schon nach sieben, acht Minuten kommt es zu jener Situation, die noch lange für Gesprächsstoff sorgen sollte. Ein hoher Ball, zwei Spieler, Montero von Juve und Zamorano von Inter, springen gleichzeitig hoch, um mit dem Kopf ranzukommen. Der Ball fliegt in Richtung Juve-Strafraum, und Ganz, der damals noch für Inter spielte, erreicht ihn und rennt los, auf den gegnerischen Sechzehner zu. Ich schaue zum Assistenten, weil ich mir nicht sicher bin, ob Ganz' Position, als der Ball gespielt wurde, regelgerecht war. Der gibt mir ein eindeutiges Zeichen, alles klar, kein Abseits, das Spiel kann weiterlaufen. Bekanntermaßen ist ja gerade beim Abseits die Rolle des Schiriassistenten von entscheidender Bedeutung: Ist der Schiedsrichter sich nicht vollkommen sicher, alle wesentlichen Punkte zur Beurteilung der Situation klar erkannt zu haben, muss er dem Assistenten an der Seitenlinie vertrauen. Dazu reicht es schon, nicht auf der Höhe des vorletzten Verteidigers gestanden oder nicht die kompletten Angriffs- und Verteidigerreihen im Blickfeld gehabt zu haben.

Von meinem Standpunkt aus war es mir so vorgekommen, als wenn Ganz im Abseits gewesen wäre, doch einen Teil des Spielfelds, in dem sich noch ein Verteidiger aufgehalten haben konnte, hatte ich nicht überblicken können, und so musste ich der Entscheidung des Assistenten vertrauen, der zweifellos günstiger als ich selbst gestanden hatte. Die Aktion läuft also weiter, Ganz schießt, Peruzzi hält, doch der Stürmer bekommt den Ball noch einmal vor die Füße, und diesmal trifft er. Tor, ich zeige zur Mittellinie, die Interisti jubeln, die Juventini protestieren. Nicht so sehr an meine Adresse, sondern an den Assistenten gewandt, und ich laufe sofort hin, um ihm gegen die Spieler beizustehen. In solch einer Situation kann ein Schiedsrichter nichts Schlechteres machen, als seinen Assistenten im Regen stehen zu lassen. Er muss ihm helfen, ja, ich würde sogar sagen, ihn beschützen. Ich laufe also hin, um den Juve-Verteidiger Ferrara, der sich am heftigsten beschwert, von ihm fern zu halten. Da höre ich, als ich bei ihnen bin, wie der Assistent zu Ferrara sagt: »Nein, nein, das war kein Abseits. Montero hat doch den Ball zurückgespielt.«

An dieser Stelle zur Erinnerung noch mal ein kleiner Einschub zur Regelkunde: Eine Abseitsstellung gilt dann nicht als Regelübertretung, wenn der Ball zuletzt von einem Verteidiger berührt oder gespielt wurde. Das heißt, hätte tatsächlich Montero den Ball zurückgespielt, wäre die Stellung von Ganz regelgerecht gewesen. Nun mochte ich mir hinsichtlich Ganz' Abseitsstellung im Zweifel sein. Aber ich war mir ganz sicher: Nicht Montero, sondern Zamorano hatte den Ball erwischt und ihn nach vorn weitergeleitet. Jetzt musste die Sache genau geklärt werden, und ich fragte den Assistenten: »Stand Ganz denn im Abseits?« »Ja«, antwortete er, »Ganz war Abseits, aber der Ball kam ja vom Verteidiger.«

Eine kurze Bestandsaufnahme der Situation: Ein gegebenes und von der Mannschaft, die es erzielt hat, bejubeltes Tor, Ball am Mittelkreis, und alles wartet darauf, dass das Spiel fortgesetzt wird. Und auf meiner Seite die Gewissheit, dass das Tor wegen einer Abseitsstellung des Stürmers, die der Schiedsrichterassistent zwar erkannt, aber als aufgehoben beurteilt hat, doch nicht regulär erzielt wurde und daher zu annullieren ist.

Was nun zu tun ist, liegt für mich auf der Hand. Da es die Hauptaufgabe eines Unparteiischen ist, für eine korrekte Anwendung der Regeln zu sorgen, und ich mich auf Regel 5 berufen kann, nach der ein Schiedsrichter seine eigene Entscheidung zurücknehmen kann, wenn er sie für falsch hält, solange das Spiel noch nicht fortgesetzt wurde, beschließe ich, kehrtzumachen und das Tor für ungültig zu erklären. So weit, so gut. Schwieriger war es da schon, diese Entscheidung auch zu vertreten. Denn mir war klar, dass dieses ohnehin schon brisante

Spiel kippen könnte, wenn es mir nicht gelänge, meinen Entschluss möglichst vielen Beteiligten verständlich zu machen. Also wandte ich mich an Inters Kapitän Beppe Bergomi und sagte zu ihm: »Es tut mir Leid, aber ich muss das Tor annullieren. Es ist eine blöde Situation, aber du kannst mir vertrauen. Ganz war im Abseits.«

Ich weiß noch, wie mich die Spieler auf dem Platz fassungslos anstarrten, als ich sie über meine Entscheidung unterrichtete, und das Gleiche hatte ich jetzt auch noch gegenüber der »Bank«, also dem Trainer und den Ersatzspielern, zu tun. Denn häufig sind sie es, die Hektik und Nervosität an die Spieler auf dem Platz übertragen. Ich nähere mich also Inters Trainer Hodgson, und da sich im San Siro die Trainerbank mindestens einen halben Meter unter Spielfeldniveau befindet, ist es für mich ganz natürlich, zu ihm »runterzugehen«, das heißt, mich mit einem Knie auf dem Boden abzustützen, um auf Augenhöhe mit ihm zu reden. Das Foto, wie ich vor Hodgson knie, sollte dann um die Welt gehen, doch wichtiger war die höchst sportliche Haltung des Mailänder Trainers, eines wahren Gentleman, auf dem Platz und außerhalb. Er reichte mir die Hand und sagte nur: »Ist okay.«

Die erste Halbzeit läuft ganz normal, so als wenn nichts geschehen wäre, weiter. Doch während der Pause ist die Anspannung in unserer Kabine groß, denn es war wirklich eine ganz ungewöhnliche Entscheidung, und allen ist klar, dass sie nicht auf normalem Weg zustande gekommen ist. Darüber hinaus beruht sie auf einer Szene, die nur den Bruchteil einer Sekunde andauerte und zudem noch schwer zu sehen war, weshalb sich im hintersten Winkel meines Kopfes doch ein Stimmchen regt, das sagt: »Und wenn der Assistent nun doch Recht hat?« Die Zweifel zerstreuen sich restlos, als nach der Pause Nicola Berti von Inter, der an jenem Tag nicht spielte, auf mich zukommt und erklärt: »Wir haben es gerade im Fernsehen gesehen. Sie hatten hundertprozentig Recht.«

Das gab einen schönen Vertrauensschub, denn klar, ich war mir meiner Sache sicher, aber dennoch hatte ich mir eine immense Verantwortung aufgeladen, und nach Bertis Worten war ich schon sehr erleichtert. Das Spiel ging dann ohne Probleme über die Bühne. Es blieb beim 0:0. Und die Szene, durch die das Spiel hätte kippen können, blieb eine einzelne Episode.

Um möglichen falschen Interpretationen sogleich entgegenzuwirken, beschloss ich, im Einverständnis mit dem damaligen Vorsitzenden der Schiedsrichterkommission, mich nach dem Spiel der Presse zu stellen, was normalerweise für Schiedsrichter undenkbar ist. Ich weiß noch, dass ich versuchte, ihr wie der Kapitän einer Mannschaft gegenüberzutreten und mich vor meine »Mitspieler« zu stellen, damit nicht einem allein die ganze Verantwortung aufgebürdet würde. »Wir hatten uns geirrt«, sagte ich, »deswegen mussten wir die Entscheidung revidieren.« Leider reichte das nicht aus. In den folgenden Tagen gab es einen immensen Wirbel im Blätterwald, mit heftigen Diskussionen und unterschiedlichsten Standpunkten, was eine Reihe von Problemen schuf, weniger für mich als für ein Hotel in Playa de las Americas auf Teneriffa. Denn bereits einige Wochen zuvor hatte ich dort ein paar Urlaubstage mit meiner Familie gebucht, und am Tag nach dem Spiel machten wir uns wie geplant auf die Reise. Nicht ohne allerdings vorher einen Freund zu bitten, mir regelmäßig eine »Presseschau« zukommen zu lassen. Niemals hätte ich erwartet, tagtäglich meterweise Faxe zu bekommen, und den ratlosen Gesichtern der Hotelangestellten war anzusehen, dass sie gar nicht begriffen, was da vor sich ging.

Noch heute gibt es Leute, die, wenn sie sich an die Sache erinnern, nicht von einer auf spektakuläre Weise vermiedenen Fehlentscheidung sprechen, sondern von einem sehr fragwürdigen Schiedsrichterverhalten.

Extreme Regelauslegung

In vielen kniffligen Situationen kann man sich gut behelfen, weil das Regelwerk in diesen Fällen bestimmte Maßnahmen vorsieht, an die man sich halten kann. Andere Male steht man ganz allein da, weil einem keine noch so akkurate Vorbereitung das passende Rezept an die Hand gibt. Da bleibt einem nichts anderes übrig, als sich auf seinen klaren Kopf und gesunden Menschenverstand zu verlassen. In diesem Zusammenhang fällt mir eine Episode aus der Saison 1999/2000 ein. Die Meisterschaft in der Serie B war fast beendet, und ich war für das Spiel Foggia gegen Bari angesetzt, ein klassisches Süd-Derby, bei dem es immer wieder zu Zwischenfällen mit den gegnerischen Fangruppen kommt. Und auch diesmal trugen sich schon in der ersten Halbzeit wieder unerfreuliche Dinge zu. Fans beider Mannschaften machten sich die Tatsache zunutze, dass die Ränge im dortigen Stadion bis fast an die Torlinien heranreichen, um Gegenstände aufs Spielfeld zu werfen. Glücklicherweise hielten sich die Aktionen aber noch im Rahmen, weil die Fangruppen in den ersten fünfundvierzig Minuten noch die eigenen Torhüter vor sich hatten. Als jedoch zu Beginn der zweiten Halbzeit die Seiten getauscht wurden, fanden sich die Torhüter vor den gegnerischen Fans wieder. Und diese rasteten vollkommen aus, obwohl die Spieler auf dem Platz in punkto Disziplin eine vorbildliche Partie spielten.

Ich glaube, nur Torhüter und Schiriassistenten wissen wirklich, was es bedeutet, unten auf dem Rasen Leute im Rücken zu haben, von denen man fürchten muss, dass sie einen mit Gegenständen bewerfen, die auch schwere Verletzungen hervorrufen können. Es ist plötzlich nur noch Zufall, ob man heil wieder nach Hause kommt. Denn man kann sich nicht schützen, kann keinem Gegenstand ausweichen, den man nicht sieht, weil er von hinten angeflogen kommt. Man denke nur daran, was auf manchen Plätzen in den unteren Spielklassen vor sich geht. Dort stehen die Schiriassistenten häufig kaum einen Meter vom Zaun entfernt und müssen es das ganze Spiel über ertragen, von Gegenständen, Spucke und sogar anderen Köperflüssigkeiten getroffen zu werden. Man mag vielleicht lächeln, wenn man das hört, aber es sollte zu denken geben: Ein Assistent erzählte mir einmal, in einem jener Stadien, wo die Zuschauer unmittelbar an der Seitenlinie stehen, habe ein Fan einmal neunzig Minuten lang immer wieder versucht, ihn mit einem Regenschirm zu schlagen.

Fest steht, die körperliche Unversehrtheit aller Akteure auf dem Platz muss unbedingt gewährleistet sein. Das ist eine *conditio sine qua non* des Fußballs. Es ist nicht hinnehmbar, dass man bei der Ausübung dieses Spiels Leib und Leben oder auch seine Würde riskiert. Manchmal überrascht es schon, wenn Leute partout nicht begreifen, dass auch eine Münze, die von oben geworfen wird und das Opfer in bestimmter Weise trifft, schwere Verletzungen verursachen kann. Ganz zu schweigen von einer gefüllten Anderthalb-Liter-Wasserflasche, die vielleicht aus dem zweiten Rang aufs Feld fliegt.

An jenen Tag in Foggia flog nun wirklich alles nur

Denkbare auf den Platz. Und es widerstrebte mir, Menschen zu zwingen, unter solchen Bedingungen zu spielen und ihre körperliche Unversehrtheit aufs Spiel zu setzen.

In dieser Situation ließ mir das Reglement wenig Handlungsspielraum: War ich der Meinung, dass es unter diesen Umständen nicht möglich sei, die Partie fortzusetzen, blieb mir, nachdem ich eine Weile gewartet hatte, ob sich die Lage bessern würde, nichts anderes übrig, als das Spiel abzubrechen.

Doch mit solch einem Spielabbruch hätte ich vielleicht noch zusätzlich Benzin ins Feuer der verfeindeten Fangruppen gegossen. So war die einzige Alternative, jenen Rowdys das Ziel ihrer Attacken, das heißt den gegnerischen Torwart, zu entziehen, also ähnlich vorzugehen, wie es sich bei Assistenten schon bewährt hat. Wird ein Assistent wegen einer bestimmten Entscheidung vom Publikum zum Beispiel durch Würfe von Gegenständen so heftig attackiert, dass seine Sicherheit nicht mehr gewährleistet ist, kann man versuchen, eine weitere Eskalation und einen Spielabbruch zu verhindern, indem man die beiden Assistenten die Seitenlinien tauschen lässt. Ein Trick, der es schon häufiger ermöglicht hat, ein Spiel ohne weitere Probleme fortzuführen. Und während wir in Foggia mit bescheidenem Erfolg warteten, dass der Hagel von Gegenständen aufhören würde, meinte einer der Assistenten, der wahrscheinlich zuvor schon häufiger ähnliche Situationen miterlebt hatte, zu mir: »Und wenn wir die Torhüter umstellen?« Das war die Lösung, denn es herrschten keine klimatischen Bedingungen, die das Spielen in die eine oder andere Richtung zu einem Vorteil gemacht hätten: Es war windstill, und die Sonne konnte nicht stören, also würde keine der beiden Mannschaften bevorteilt sein, wenn sie wieder in dieselbe Richtung wie in der ersten Halbzeit spielte. Ich nahm Kontakt zu den beiden Spielführern auf, denn es schien mir angebracht, eine solch unübliche Entscheidung, im Grunde eine sehr eigenwillige Regelauslegung, zuvor mit ihnen zu besprechen. Und die Kapitäne waren meiner Meinung, dass zwei Ziele Vorrang haben müssten: die körperliche Unversehrtheit der Spieler und die Fortsetzung des Spiels. Glücklicherweise war zu diesem Zeitpunkt noch keiner der Spieler getroffen worden, und es lag auf der Hand, dass das Werfen der Gegenstände allein in der Anwesenheit der Torhüter vor der jeweils gegnerischen Fangruppe begründet lag. Wenn man sie nun aus dem »Schussfeld« nahm, das war klar, würde das Werfen von selbst aufhören. Die Mannschaften tauschten also zum zweiten Mal die Seiten, das Spiel lief weiter, und die Würfe hörten wie vorhergesehen auf.

Auch diese Entscheidung von mir wurde später von manchen Seiten kritisiert. Die höchsten Fußballinstanzen jedoch, einschließlich des FIFA-Präsidenten, segneten sie ab. Der Vorsitzende des Sportgerichts sprach in seiner Begründung für die Anerkennung des Resultats von einer Auslegung nicht *contra,* sondern *ultra leges*. Andere Beobachter hingegen vertraten die Ansicht, ich hätte mich an die Regeln halten müssen, und die sähen in einem solchen Fall eben nichts anderes als einen Spielabbruch vor. Doch ich bleibe bei meiner Meinung: Wenn es irgend möglich ist, sollten alle Beteiligten darauf hinwirken, ein einmal begonnenes Spiel auch zu Ende zu führen.

Hätte die Sonne tiefer gestanden und einen der Torhüter geblendet oder der Wind eine der beiden Mannschaften unterstützt, wäre die Gleichbehandlung der Teams nicht mehr gegeben gewesen und ich hätte anders entscheiden müssen. Und ebenso, wenn einer der beiden Kapitäne nicht bereit gewesen wäre, diese ungewöhnliche Maßnahme mitzutragen. Doch alle, die zu jenem Zeitpunkt auf dem Platz standen, stimmten der Lösung zu, die sich dann ja auch als richtig erwies.

Ein Mann im Regen

Auch bei einer anderen Partie, dem berühmt gewordenen Spiel Perugia gegen Juventus Turin im Mai 2000, ging es darum, einen Spielabbruch zu vermeiden. Auch damals war die Situation absolut ungewöhnlich. Es war der letzte Spieltag der Meisterschaft, das Wetter war herrlich, ein schöner, sonniger Tag. Noch am Morgen hatte ich mich in dem Hotel in den Hügeln außerhalb Perugias, in der Gegend von Pasignano am Lago Trasimeno, in dem ich mit den Assistenten untergebracht war, morgens um halb zehn mit der Zeitung raus in die Sonne gesetzt, die aber so brannte, dass ich nach zehn Minuten bereits in den Schatten flüchtete. Kurzum, es war fast schon ein richtiger Hochsommertag. Zu diesem Zeitpunkt war das Letzte, worum ich mir Gedanken machte, das Wetter. Als wir auf Perugia zufuhren, zogen jedoch schon die ersten Wolken auf. Dann, in der ersten Halbzeit, begann es zu regnen, zunächst noch leicht, dann immer stärker werdend. Und in der Halbzeitpause brach die Sintflut herein. Im Nu war der Platz unbespielbar, und die einfachste Entscheidung wäre es nun gewesen, die Partie gar nicht mehr anzupfeifen.

Allerdings wusste ich, dass nur wenige Kilometer von Perugia entfernt die Sonne schien und der Rasen im Stadion der umbrischen Hauptstadt mit einem hervorragenden Dränagesystem ausgestattet ist. Schon einige Male hatte ich in Perugia im Regen gepfiffen und dabei festgestellt, dass der Rasen auch bei längeren Niederschlägen gut bespielbar blieb und auch nach heftigen Schauern rasch abtrocknete. Und so bewogen mich also einerseits meine Kenntnisse der Platzverhältnisse sowie andererseits das Wissen, dass es sich um einen klassischen Gewitterregen handelte und die Wolken genauso schnell wieder abziehen konnten, wie sie gekommen waren, dazu, eine endgültige Entscheidung hinauszuschieben. Ich wollte herausfinden, ob der Regen vielleicht aufhörte und der Platz so weit abtrocknete, dass das Spiel wieder angepfiffen werden konnte.

Mit Ball und Regenschirm bewaffnet machte ich die ersten Tests auf dem Rasen: negativ. Dennoch hatte ich das Gefühl, dass der Regen etwas nachließ und es bereits heller wurde. Und tatsächlich, nach einer zugegebenermaßen sehr, sehr langen Halbzeitpause und einem neuen Aufwärmprogramm von Seiten der Spieler, konnte ich irgendwann die zweite Halbzeit anpfeifen, und das Spiel wurde zu Ende gespielt.

Natürlich gab es auch in diesem Fall nach dem Spiel kein einheitliches Meinungsbild. Es können nicht immer alle mit allem einverstanden sein. Was mich am meisten freute, war aber die Tatsache, dass alle »neutralen« Beobachter, und speziell die Kommentatoren und Journalisten, meine abwartende Haltung richtig fanden und mich vielfach mit der Spitzennote acht in der Bewertung belohnten. Tatsächlich waren ja die Platzverhältnisse in der zweiten Halbzeit in Perugia auch nicht schlechter als bei vielen anderen Spielen der Meisterschaft.

Es ist verständlich, dass ein Teil der Betroffenen angesichts der Bedeutung der Partie und vor allem der Folgen des Resultats für Juventus, das damals die Meisterschaft verlor, mit meinem Vorgehen nicht einverstanden war. Das ist normal, daran kann ich nichts Merkwürdiges finden. Und noch heute passiert es mir, wenn ich einen Juve-Fan auf der Straße treffe, dass ich auf dieses Regenspiel angesprochen werde.

Wie so häufig haben manche Leute jedoch noch andere Beweggründe hinter meiner Entscheidung gesucht und vermutet, von bestimmter Seite sei Druck auf mich ausgeübt worden, damit ich das Spiel auf alle Fälle fortsetzen lasse. Man zog dazu wieder jenes mysteriöse Wesen heran, das in Italien immer dann genannt wird, wenn hinter irgendeiner Sache Machenschaften dunkler Mächte vermutet werden: den »Palazzo«.

Wie erbärmlich, zu glauben, Schiedsrichter seien Marionetten, die sich von anderen lenken ließen …

Es liegt mir fern, jemanden von der Richtigkeit meiner Entscheidung überzeugen zu wollen. Jedermann ist frei, über die Episode weiterhin zu denken, wie er will. Betonen möchte ich aber die unbedingte Aufrichtigkeit und Unabhängigkeit von Schiedsrichterentscheidungen: Kein Zweifel, auch wir machen Fehler, aber die gehen ganz allein auf unser Konto, ohne dass irgendwelche mysteriösen Mächte uns lenken.

Nobody is perfect …

Habe ich bis jetzt von Situationen erzählt, die in der Vorbereitungsphase nicht vorhersehbar waren, bei denen ich aber auch im Nachhinein glaube, richtig gehandelt zu haben, gibt es auch andere, in denen ich mich heute anders verhalten würde.

Etwa damals in Genua beim Spiel Sampdoria gegen Torino Calcio. Es war eine Begegnung ohne besondere Höhepunkte, und eigentlich gaben weder der Spielverlauf noch das Resultat dem Publikum Anlass für besonders heftige Reaktionen. Doch irgendwann tauchte auf den Rängen ein riesiges Spruchband mit einer Verunglimpfung des damaligen Vorsitzenden der Schiedsrichterkommission auf. »Casarin, du Clown«, hieß es da in mächtigen Lettern. Ich konnte nicht verstehen, was diese Beleidigung mit dem Spiel auf dem Platz zu tun hatte. Es gab keinen Grund dafür, es machte keinen Sinn. Und so hielt ich es für meine Aufgabe, dieses beleidigende Spruchband, das ja ohnehin keinen Sinn hatte, entfernen zu lassen. Dazu versuchte ich, die Verantwortlichen von Sampdoria sowie den Kapitän Roberto Mancini mit ins Boot zu nehmen, und machte ihnen klar, dass man das Spruchband entfernen müsse. Diese Beleidigung vor aller Augen sei nicht länger hinnehmbar. Vielleicht taten sie etwas, vielleicht aber auch nicht, das kann ich bis heute nicht sagen. In den folgenden Tagen habe ich in den Zeitungen viele verschiedene Versionen von dem Vorfall gelesen. Ein Sportjournalist schrieb, Mancini sei auf die Fans zugegangen und habe gesagt: »Lasst um Himmels willen das Spruchband, wo es ist.« Ich weiß nicht, ob das stimmt, und will es auch gar nicht wissen. Jedenfalls wurde das Spruchband nach einigen Minuten eingezogen, um aber nach einiger Zeit wieder ausgerollt zu werden. Doch egal, wie, jedenfalls weiß ich heute, dass ich damals die Sache falsch angegangen bin. Hätte ich das Spruchband einfach ignoriert, wäre ihm weit weniger Aufmerksamkeit zuteil geworden, und wahrscheinlich hätte man es nach einiger Zeit ohnehin wieder eingerollt. Mit meiner Reaktion jedoch habe ich ihm ungewollt noch zusätzlich Reklame verschafft und durch die Anwendung des falschen Mittels den Schaden noch vergrößert.

Einige Monate später wurde vor dem Spiel Piacenza gegen AC Mailand wieder ein Spruchband mit Verunglimpfungen ausgerollt, diesmal gegen zwei Spieler auf dem Platz. Verunglimpfungen, die aber zudem auch noch rassistisch waren. Auch in diesem Fall verlangte ich, dass das Band entfernt werde, und wurde dabei von den Unmutsbekundungen eines Großteils des Publikums unterstützt, das sofort zu pfeifen begann, als das Tuch entrollt wurde. Hier war meinc Entscheidung richtig, weil die Beleidigung in diesem Fall nicht auf eine Person wegen vermeintlichen Fehlverhaltens im sportlichen Bereich zielte, sondern die Menschenwürde traf, die elementarsten Prinzipien der Gleichheit, wie sie der Sport und eine zivile Gesellschaft verlangen. Gewiss, auch damals lief ich Gefahr, einem Akt der Unkultur gratis Publizität zu verschaffen. Doch angesichts mancher Schandtaten muss die Welt des Fußballs eindeutig Position beziehen. Sie darf es nicht riskieren, gleichgültig zu erscheinen.

Das Stadion darf nicht so etwas wie ein Niemandsland sein, ein Ort, an dem alles erlaubt ist, wo alle Verhaltensweisen legitim sind oder einfach hingenommen werden. Das heißt, Straftaten dürfen nicht plötzlich ungesühnt bleiben, nur weil sie in einem Stadion begangen wurden. Einmal hörte ich, wie ein hoher Polizeibeamter während einer Konferenz resümierte, durch die Konzentrierung gewisser Elemente auf den Bereich des Stadions sei die Arbeit der Sicherheitskräfte alles in allem viel einfacher geworden. Wenn sich die gewaltbereiten Fans im Stadion befänden, würden sie wenigstens nicht durch die Innenstädte ziehen und andere Straftaten begehen. Bei diesen Worten bekam ich eine Gänsehaut.

Auf diese Weise macht man den Fußball kaputt. Und man muss den Mut haben, das laut zu sagen. Wir sollten uns lieber an anderen Ländern ein Beispiel nehmen. Dort wurden angesichts der Gefährdung der öffentlichen Ordnung in Fußballstadien sehr strenge, repressive Maßnahmen ergriffen, die zu äußerst positiven Ergebnissen führten. Ich denke hier an Frankreich, wo allein schon das Abschießen einer Leuchtrakete als Straftat verfolgt wird. Und mehr noch an England, wo jahrelang Gewalt in den Stadien so verbreitet war wie sonst nirgendwo in Europa, so dass sich die UEFA nach der Tragödie von Brüssel gezwungen sah, die englischen Clubs von allen europäischen Pokalwettbewerben auszuschließen.

Ein höchst repressives Fußballgesetz, der *Football Act* von 1989, durchgesetzt von der Tory-Regierung der Premierministerin Thatcher und beibehalten und ergänzt unter der Labour-Regierung Tony Blairs nach der Europameisterschaft 2000, hat dafür gesorgt, dass sich innerhalb weniger Jahre die Situation in den Stadien vollkommen veränderte.

Die Erfolge sind offensichtlich. Man sehe sich nur mal die Tribünen eines beliebigen britischen Fußballstadions an: Eltern mit ihren Kindern, Familien und Paare, die ins Stadion gekommen sind, um Spaß zu haben und ein paar Stunden lang solch ein herrliches Ereignis wie ein Fußballspiel zu genießen. Und alle in den Trikots ihrer Lieblingsmannschaft, ohne dass damit irgendein Risiko verbunden wäre.

Nicht, dass die Engländer nun alle kleine Engel geworden wären. Bekanntermaßen machen manche Fans immer noch Probleme, wenn ihre Mannschaft im Ausland spielt, interessanterweise aber vor allem in jenen Ländern, wo die Gesetze weniger streng sind oder die

Verantwortlichen die bestehenden Gesetze nicht rigoros anwenden. Jedenfalls hat man auch da auf britischer Seite Maßnahmen ergriffen. Englischen Fans, die als gewaltbereit bekannt sind, wird vor Spielen im Ausland der Pass entzogen. Es wäre schön, wenn man auch bei uns in Italien solche Resultate vorweisen könnte. Dank gezielter Maßnahmen in den letzten Jahren waren wir ja schon auf dem richtigen Weg. Nur leider ist man wieder davon abgekommen, so dass die alten Probleme erneut auftauchten. Glücklicherweise wurden aber gerade in den letzten Monaten wieder neue Schritte unternommen. Heute gilt: Wer gewisse Taten innerhalb des Stadions begeht, kann auch später noch, wenn man ihn identifiziert, festgenommen werden, ohne dass man ihn auf frischer Tat ertappt haben müsste.

Es kann doch nicht angehen, dass wir auch weiterhin solch bestürzende Szenen im Fernsehen miterleben müssen: die Sicherheitskräfte im Einsatz gegen Hooligans, die maskiert, mit Ketten und Stöcken bewaffnet, auf einzelne Polizisten losgehen. Es kann doch nicht angehen, dass solche Straftäter, wenn man sie erwischt, nur mit einem Stadionverbot für eine gewisse Zeit belegt werden. Wer in England im Stadion bestimmte Straftaten begeht, hat anderes zu erwarten. Man denke nur daran, dass in vielen englischen Stadien die Arrestzellen gleich mit eingebaut wurden.

Ich erinnere mich noch an eins der ersten Spiele, das ich im Ausland geleitet habe. Das war in Newcastle, und die Verantwortlichen des Ordnungsdienstes führten mir das lückenlose System der Videoüberwachung vor. Alle Plätze im Stadion waren an Dauerkartenbesitzer vergeben, und wenn aus einem bestimmten Bereich ein Gegenstand aufs Spielfeld flog, versuchte man zunächst den Werfer festzustellen, um ihn mit dem Entzug der

Dauerkarte zu bestrafen. Erwies sich das als unmöglich, wurde dem gesamten Block die Dauerkarte entzogen. Ein System, das ungerecht erscheinen mag, das aber denjenigen, die nichts getan haben, eine Verantwortung überträgt und sie zwingt, selbst aktiv zu werden, um den Werfer auszumachen.

Es ist immer bedrückend, wenn man als Unparteiischer gezwungen ist, die zuständigen Leute aufs Spielfeld zu bitten, um es von Dosen, Flaschen, Münzen, Orangen zu säubern, die von den Rängen geregnet sind. »Wir stehen hier auf dem Platz, um den Leuten was zu bieten«, sage ich mir dann, »und die haben nichts Besseres zu tun, als uns mit Abfall zu bewerfen.« Dafür gibt es keine Entschuldigung. Wenn eine Handlung anderen Menschen körperlichen Schaden zufügen könnte, ganz zu schweigen von dem seelischen Schaden einer rassistischen Beleidigung, ist das mit keiner Fan-Leidenschaft zu rechtfertigen. Und es tut mir Leid, das sagen zu müssen, aber Erfolge wird man zunächst nur mit hartem Durchgreifen erreichen. Es liegt aber auf der Hand, dass repressive Maßnahmen auf lange Sicht von Schritten begleitet sein müssen, die darauf abzielen, den Stadionbesuchern eine Kultur des Sports zu vermitteln. Das muss schon bei den Schulen anfangen. Es geht darum, zu begreifen, dass man ein Spiel besucht, um einer spannenden Show beizuwohnen und seine Mannschaft anzufeuern. Das heißt, man setzt sich »für«, aber nicht »gegen« eine Mannschaft ein, so wie es in Ländern mit einer ausgeprägteren Sportkultur bereits der Fall ist. Dann könnte auch bei uns möglich sein, was in allen nordeuropäischen Ländern, aber auch in manch einem uns ähnlicheren romanischen Land ganz normal ist, so in Spanien zum Beispiel, wo es keine Zäune gibt, die das Publikum vom Spielfeld trennen.

Viele, viele Male habe ich mein Aufwärmprogramm vor dem Spiel in direktem Kontakt mit den Zuschauern absolviert. Dabei ist es für die ersten Reihen sogar möglich, durch Lücken zwischen den Werbereitern direkt auf den Platz zu gelangen. Aber es passiert nie etwas, und die Einzigen, die manchmal aufs Spielfeld rennen, sind die komischen exhibitionistischen »Flitzer«, die sich nackt dem Publikum präsentieren, um einige Augenblicke des »Ruhmes« zu genießen.

V DIE WELT DER SCHIEDSRICHTER

Warum machst du das eigentlich?

Es gibt eine Frage, die mir immer wieder von Leuten gestellt wird, mit denen ich ins Gespräch komme, und die lautet: »Was hat dich eigentlich dazu bewogen, Fußballschiedsrichter zu werden?« Ja, was bringt einen jungen Mann dazu, sich zum Schiedsrichter ausbilden zu lassen? Das ist keine leichte Frage, und ich muss zugeben, es fällt mir auch schwer, darauf eine zufrieden stellende Antwort zu finden.

Instinktiv liegt es mir auf der Zunge zu antworten: »Der Zufall.«

Ein Klassenkamerad auf dem Gymnasium stößt mich an und meint: »He, was hältst du davon? Wir melden uns zu einem Lehrgang für Fußballschiedsrichter an.« Und ich antworte: »Warum nicht.«

Zufälliger geht's wohl nicht …

Doch was eigentlich dahinter steckt, ist, so glaube ich, eine riesengroße Liebe zum Fußball, ein enormes Verlangen, ihn leibhaftig zu leben, ihn auch dann noch auszuüben, wenn man gemerkt hat, dass das eigene Talent, die technischen Fertigkeiten nicht ausreichen, um als Spieler eine Zukunft zu haben.

Die Liebe zum Fußball ist also die gemeinsame Triebfeder all jener, die irgendwann in ihrem Leben beschließen, zu einer Sektion des Schiedsrichterverbandes in einer x-beliebigen Stadt zu gehen und das Formular für die Teilnahme an einem Schirilehrgang auszufüllen. Vielleicht denkt man am Anfang noch, dass die Leidenschaft für das Spiel auch durch den Mitgliedsausweis gestillt werden kann, den man als Referee bekommt und der freien Eintritt ins Stadion bedeutet, wo man nun die Spieler seiner Lieblingsmannschaft bewundern kann. Gewiss, das ist ein unleugbarer Reiz, und mit Sicherheit haben sich schon viele junge Leute von dieser Aussicht locken lassen. Doch nicht lange, und dieser Aspekt gerät in den Hintergrund. Man pfeift immer mehr Spiele, einfach weil es einem gefällt, weil es Spaß macht, mit einer Pfeife im Mund auf dem Platz zu stehen.

Sektionsleben

Wenige Leute wissen, dass hinter dem einzelnen Schiedsrichter eine weit verzweigte, gut organisierte und strukturierte Bewegung steht: der italienische Schiedsrichterverband (*Associazione Italiana Arbitri*) mit 35 000 Mitgliedern, von denen rund 24 000 aktiv sind. Das heißt, sie stehen noch als Schiedsrichter oder Assistenten auf dem Platz, während sich die anderen um die Ausbildung und Vorbereitung der Unparteiischen kümmern, und zwar mittels eines über ganz Italien verbreiteten feinmaschigen Systems, das aus einzelnen Sektionen aufgebaut ist. Insgesamt sind es genau 212. Jede einzelne Sektion ist wie ein Club organisiert, in dem die »Mitglieder«, also die Schiedsrichter, die Möglichkeit haben, einander zu treffen, zu reden, einen gemeinsamen Abend zu verbringen.

Ich erinnere mich noch an die vielen Stunden, die ich in meiner ersten Sektion in Bologna, die damals noch in der Stadtmitte untergebracht war, in Gesellschaft gleichaltriger und älterer Schiedsrichter verlebte. Das waren wichtige Begegnungen für mich, Begegnungen, bei denen man von seinen Erfahrungen in den geleiteten Spielen berichtete und Eindrücke austauschte, also gute Gelegenheiten zur Ausbildung und Weiterentwicklung gerade für jüngere Schiedsrichter. Man lernt und verbessert sich ja nicht nur auf dem Platz, sondern ebenso indem man sich die Erfahrungen anderer Schiedsrichter zu Eigen macht. Auch dies eine Art Training: Anstatt bestimmte Situationen auf dem Platz selbst zu erleben, stellt man sie sich gedanklich vor.

So ist also die Sektion, indem sie all den zwanglosen Begegnungen zwischen den Schiedsrichtern Raum gibt, wie gesagt so etwas wie ein Club, also noch mehr als ein bloßer Ort, wo in Sitzungen über das Regelwerk diskutiert, die verschiedenen Regelauslegungen analysiert und die eigentlichen technischen Aspekte vertieft werden. Denn neben diesem offiziellen Programm des Verbandslebens werden in fast allen Sektionen Regenerationsmöglichkeiten angeboten, angefangen vom Kartenturnier bis zum gemeinsamen Abendessen, Geselligkeiten also, die eine Gruppe festigen und es dem Einzelnen ermöglichen, die Höhen und Tiefen des Schiedsrichterlebens mit anderen zu teilen.

Heute, nach vielen Jahren, kann ich sagen, dass viele Freundschaften, die damals in der Sektion Bologna entstanden, auch heute noch halten. Diese Sektion, in der ich meine Anfänge als Schiedsrichter erlebte, ist seit langem eine der fortschrittlichsten in Italien. Man hat sich dort immer bemüht, den Mitgliedern etwas Besonderes zu bieten. Ebendies hatte man auch im Sinn, als man irgendwann beschloss, neue Räumlichkeiten für das Sektionsleben zu schaffen. Und das im wahrsten Sinne des

Wortes, denn eine alte Lagerhalle für landwirtschaftliche Maschinen, die die Stadt Bologna der Sektion überließ, wurde in ein neues »Heim« umgebaut, wobei die Schiedsrichter selbst als Maurer mit Hand anlegten. Heute, zwanzig Jahre danach, verfügt die Sektion Bologna über einen großflächigen Bereich mit einer effizienten Struktur, wo Tagungen mit mehr als zweihundert Personen ebenso stattfinden können wie andere sportliche Aktivitäten – Hallenfußball, Basketball, Volleyball – und nicht zu vergessen die legendären »Festmahle« mit den typischen Köstlichen der Bologneser Küche, Tagliatelle al ragù und den frittierten Teigfladen Crescentine.

In der Schiedsrichterschule

Egal, wie nun die Idee, Fußballschiedsrichter zu werden, entstanden sein mag, der erste Schritt besteht darin, sich für einen der regelmäßig von den Sektionen veranstalteten Kurse anzumelden. In den letzten Jahren legte man besonderes Augenmerk darauf, die Zahl der Anmeldungen weiter anzukurbeln, nicht zuletzt, weil der Fußball eine derart rasante Entwicklung genommen hat. Es gibt mittlerweile so viele Mannschaften, dass es nicht immer einfach ist, für jede Partie einen Schiedsrichter zu finden. Über die einzelnen Sektionen macht die *Associazione Italiana Arbitri* eine Menge Werbung für ihre Arbeit. So werden unter anderem Besuche in Schulen organisiert, unterstützt von bekannten Kräften, wie etwa einem Schiedsrichter aus der Serie A, der den jungen Leuten, die vielleicht einmal die Referees von morgen sein werden, von seinen Erfahrungen erzählt.

Die Kandidaten werden zunächst einmal danach begutachtet, ob sie sich für die Schiedsrichtertätigkeit eignen könnten. Dann, wenn der Antrag gestellt ist, haben sie sich einem Eignungstest zu unterziehen, bei dem die körperliche Fitness sowie die gesundheitliche Verfassung untersucht werden. Voraussetzungen für eine Aufnahme sind ein Alter zwischen fünfzehn und fünfunddreißig Jahren sowie ein gutes Sehvermögen. Allerdings können heute eventuelle Sehstörungen problemlos mit Kontaktlinsen korrigiert werden, ohne dass dies der Schiedsrichtertätigkeit im Weg stehen müsste. Als ich mich damals anmeldete, waren Kontaktlinsen, und erst recht Brillen, noch nicht erlaubt, so dass, Ironie des Schicksals, ausgerechnet mein Klassenkamerad, der mich auf die Idee mit dem Lehrgang gebracht hatte, aussortiert wurde, weil er eine Brille trug.

Nach der Zulassung beginnt der theoretische Unterricht, in dem die Kursleiter der *Associazione Italiana Arbitri* die Teilnehmer mit dem Regelwerk vertraut machen. Fälschlicherweise nimmt man ja an, jeder, der sich für Fußball interessiert, kenne sich zwangsläufig auch in den Regeln aus. Aber so ist es nicht. Die zahlreichen Facetten, die Nuancen der Regelauslegung sind doch erheblich vielschichtiger, als man vielleicht glaubt, nur weil man selbst Fußball gespielt hat oder sich häufig Spiele am Fernseher oder im Stadion ansieht.

Ich selbst bin verschiedene Male eingeladen worden, Vorträge für angehende Schiedsrichter zu halten. Dabei ging es weniger um die Regelkunde als vielmehr um die Praxis, das also, was die künftigen Schiedsrichter auf dem Platz erwartet, und immer traf ich auf junge Menschen mit einer großen Begeisterung und dem Verlangen, etwas Neues zu beginnen, ganz ähnlich wie ich vor fünfundzwanzig Jahren.

Diese Vorbereitungsphase dauert einige Monate und schließt mit einer schriftlichen und mündlichen Prüfung ab, bei der es vornehmlich um die Beantwortung von Fragen zur Regelkunde geht. Wer es schafft, erhält die Lizenz, künftig Fußballspiele leiten zu dürfen.

Schiedsrichterdebütanten

Nach dem ersten rein theoretischen Teil erwartetet einen der Platz, das heißt, man wird für sein Debüt, das erste Spiel, angesetzt.

Gewöhnlich ist man dann kaum dem Teenager-Alter entwachsen, und so ist es nicht leicht vorherzusehen, wie sich solch ein »Junge« angesichts der ersten »echten« Bewährungsprobe aus der Affäre ziehen wird. Meine eigene Feuertaufe war etwas ungewöhnlich, denn bevor ich mein erstes Spiel pfiff, kam ich bereits, rein zufällig, als Linienrichter in einem Spiel der *Promozione regionale* zum Einsatz. Eines Nachmittags hatte ich zwei Assistenten meiner Sektion zu einem Spiel in der Provinz Ferrara begleitet, wenn ich mich recht erinnere, in Argenta, und da der angesetzte Schiedsrichter wegen Problemen im Zugverkehr nicht eintraf, musste einer der beiden Linienrichter die Partie pfeifen, während ich selbst zum Linienrichter »befördert« wurde. So begann meine Karriere also nicht als Schiedsrichter mitten auf dem Platz, sondern an der Seitenlinie als Linienrichter, wie man damals noch sagte.

Ein typisches Problem aller neuen Schiedsrichter besteht darin, das Erkennen des Regelverstoßes mit dem Pfiff zu kombinieren. Denn es ist kein natürlicher Ablauf, eine Aktion zu sehen und als Reaktion darauf unmittelbar in die Pfeife zu blasen. Zudem erklingen dann, wenn man endlich gepfiffen hat, manchmal recht seltsame Töne. Aber was soll man machen? Man sprintet, steckt sich plötzlich dieses so wenig vertraute Gerät in den Mund und muss dann auch noch hineinblasen. Und da kann es durchaus passieren, dass das, was dabei herauskommt, wenig mit einem Pfiff zu tun hat.

Doch von verunglückten Pfiffen einmal abgesehen: Um zu verhindern, dass ein junger Schiedsrichter bei seinem Debüt, seinem ersten richtigen Einsatz, ganz alleine dasteht, wird ihm immer eine Art »Pate« beigesellt, ein erfahrener, häufig nicht mehr aktiver Referee, der ihm mit Rat und Tat zur Seite stehen kann.

Solch ein Pate ist sehr wichtig, denn der Schiedsrichter ist ja noch in der Lernphase. Und so wie sich ein Trainer für ganz junge Spieler in den Jugend- oder Amateurklassen darauf »beschränken« sollte, Lehrer zu sein, also den Wettbewerbs- oder Leistungsgedanken hinter der erzieherischen Aufgabe zurücktreten zu lassen, so muss sich der begleitende Schiedsrichter auch eine umfassendere Ausbildung seines »Schützlings« zur Aufgabe machen. Eine Ausbildung, die unter der Woche vermittelt und sonntags dann in die Praxis umgesetzt wird, nämlich beim Spiel, einer Art wöchentlichen Prüfung von hohem pädagogischen Wert.

In den Jugendklassen sollten die Rollen der Spieler, die zu spielen, und der Schiedsrichter, die zu pfeifen lernen, allen ganz klar sein. Aber leider ist das nicht immer der Fall. Häufig kommt es ja gerade da unter den Zuschauern, zum Großteil Verwandte der jungen Spieler, zu bedauerlichen Entgleisungen, nicht bloß gegenüber dem Schiedsrichter, sondern auch gegenüber den Jungen auf dem Spielfeld. Die Ergüsse, die ich in meiner ersten Zeit von manch einem Vater gehört habe, hätten ein eigenes Buch verdient.

Nun, jedenfalls ist diese erste Zeit eine Phase der Entwicklung, die einem jungen Schiedsrichter auch zugestanden werden muss. Denn durch die Fehler, die ihm auf dem Spielfeld notgedrungen unterlaufen, gewinnt er an Erfahrung und kann so, begleitet von den Tipps derer, die das alles schon durchlebt haben, mit der Zeit immer besser werden.

An dieser Stelle möchte ich noch einmal besonders auf die Bedeutung der Arbeit vieler früherer Schiedsrichter, die oft übersehen wird, hinweisen. Das sind Männer, die zu ihrer aktiven Zeit vielleicht nicht die höchsten Ziele erreicht haben, danach aber dem Fußball weiterhin verbunden bleiben und innerhalb der *Associazione Italiana Arbitri* diese so wichtige Aufgabe als »Glucke« erfüllen.

Eine »Glucke« hilft ihrem Küken, also dem jungen Schiedsrichter, sich weiterzuentwickeln, nicht nur, indem sie ihn zu Spielen begleitet, sondern auch bei gemeinsamen Aktivitäten in ihrer Sektion. Es ist ja wirklich überaus nützlich, sich die Erfahrungen älterer Schiedsrichter zu Eigen zu machen. Das geschieht zum einen, indem man ihnen zuhört, wenn sie von ihren Erlebnissen berichten, oder mit ihnen gemeinsam erlebte Spielsituationen analysiert. Zum anderen aber auch, indem man ihnen einfach bei der »Arbeit« zusieht. So habe ich es jedenfalls gehalten. Denn als ich so siebzehn, achtzehn war und begann, in die Welt der Schiedsrichter Einblick zu gewinnen, bat ich häufig, anstatt mir ein großes Spiel im Stadion von Bologna anzusehen, einen Schiedsrichter der Amateurklassen, ihn zu seinem Spiel irgendwohin begleiten zu dürfen. Ich wusste, es würde meine Entwicklung beschleunigen und sich günstig auf meinen Reifeprozess auswirken, wenn ich jemanden genauestens beobachtete, der mehr Erfahrung und Klasse hatte als ich selbst. Und so habe ich mir viele, viele Spiele der unteren Spielklassen angesehen und darauf verzichtet, mit Freunden auszugehen oder im Stadion die Erstliga-Mannschaft von Bologna anzufeuern. Und wenn ich mein Handwerk gelernt habe, so verdanke ich das auch jenen »ausspionierten« Spielen auf den harten Provinzplätzen.

Von ganz unten nach oben

Eine weitere Frage, die mir häufig gestellt wird, lautet, ob ich selbst zunächst auch Kinder- und Jugendspiele gepfiffen hätte, so als könnte ein Schiedsrichter der Serie A direkt in der höchsten Spielklasse einsteigen. Aber ja, selbstverständlich habe auch ich bei den ganz Kleinen angefangen. Dabei hatte ich das Glück, sogleich Eigenschaften zeigen zu können, die den damaligen Vorsitzenden der Sektion Bologna, Piero Piani, von meinem Potenzial für eine nahe Zukunft in höheren Spielklassen überzeugten. Und so wechselte ich dann von den Kinder- und Jugendspielklassen rasch schon zur *Seconda Categoria* über. Die »gefürchtete« *Terza Categoria* durfte ich dabei ganz auslassen, gefürchtet besonders von jungen Schiedsrichtern, wie ich einer war. Denn diese Liga ist die allerunterste des italienischen Fußballs. Jede Mannschaft darf sich dort einschreiben, und, wie nicht anders zu erwarten, lässt dort nicht nur das spielerische, sondern auch das disziplinarische Niveau arg zu wünschen übrig. »Gefährlich« ist es dort für Schiedsrichter nicht so sehr wegen des Umfelds, die Anzahl der Zuschauer ist dort gewöhnlich sehr überschaubar, sondern wegen der Reaktionen, die die Spieler nicht selten den Referees gegenüber zeigen.

In nur zwei Jahren schaffte ich es in die *Promozione*, die damals noch, vor der Einführung der Meisterschaft der *Eccellenza*, die höchste Spielklasse des regionalen Amateurfußballs in Italien war. In jener Zeit lief also alles wunderbar für mich, doch ausgerechnet bei meinem Debüt in der *Promozione* bekam ich ein Problem. Die Begegnung sollte in Bellaria an der Adria in der Provinz Rimini stattfinden. Es war ein sehr wichtiger Tag für mich, und sogar meine Eltern wollten es sich nicht nehmen lassen, beim Spiel dabei zu sein, eine Ausnahme in meiner gesamten Schiedsrichterkarriere. Und dann konnte die Begegnung nicht stattfinden. Denn die Gemeinde von Bellaria hatte aufgrund einiger Fälle von Hirnhautentzündung die Schließung aller öffentlichen Einrichtungen, einschließlich der Sportanlagen, angeordnet. Unverrichteter Dinge mussten wir nach Hause fahren, und die Enttäuschung kann man sich vorstellen.

Jedenfalls ist klar, dass auch ich, wie jeder andere Unparteiische, die »Ochsentour« hinter mich gebracht habe, vielleicht nur etwas schneller als der Durchschnitt zu jener Zeit.

Damals achtete man bei jungen Schiedsrichtern noch streng darauf, dass die vorgesehenen Zeitraster auch eingehalten wurden: Auch wenn sich ein Unparteiischer als besonders talentiert erwies, konnte er, bevor er nicht eine bestimmte Anzahl von Begegnungen gepfiffen und ein bestimmtes Alter erreicht hatte, kaum zur nächsten Kategorie aufsteigen. Heute hat sich das gelockert. Es gibt Schiedsrichter, die es mit achtundzwanzig Jahren schon in die Serie A geschafft haben.

Ich halte das für absolut richtig. Wenn jemand besonders geeignet ist und schneller als andere eine gewisse Reife erlangt, wäre es doch Unsinn, ihn nur wegen seines Geburtsdatums zurückzusetzen.

Ich spreche hier von Reife, denn diese halte ich für einen der entscheidenden Aspekte: Die Erlangung eines inneren Gleichgewichts, die Fähigkeit zur Reflexion und zu einem gelassenen, aber bestimmten Auftreten sind auf jedem Gebiet unerlässlich für den Erfolg. Und beim Schiedsrichter ist das nicht anders. Gerade die Entwicklung der Durchsetzungsfähigkeit ist einer der entscheidenden Aspekte für junge Leute, die mit dem Schiedsrichtern beginnen.

Es ist klar: Wenn man mit seinen achtzehn oder neunzehn Jahren in der *Prima Categoria* oder in der *Promozione* Mannschaften pfeift, deren Spieler sieben-, achtundzwanzig sind – die Trainer noch älter und die Funktionäre deine Eltern sein könnten –, muss man über eine größere Reife als im eigenen Alter üblich verfügen. Das verlangt die Rolle, die man auf dem Platz zu spielen hat. Und wenn man dann die Gelegenheit und das Glück hat, immer noch weiter aufzusteigen, sind gerade diese Erfahrungen von unschätzbarem Wert. Aber vor allem werden sie auch später im täglichen Leben nützlich sein, im Job, in der beruflichen Laufbahn. Wer es gelernt hat, in einer schwierigen, angespannten Situation, umgeben von Menschen, die in diesem Moment von einem abhängen, Entscheidungen zu treffen und sich nicht von äußeren Faktoren beeindrucken zu lassen, hat die besten Voraussetzungen, Führungsaufgaben, nicht nur als Schiedsrichter, zu übernehmen. Die Nähe zwischen diesen beiden Bereichen ist hier so groß, dass ich häufig zu Vorträgen bei Seminaren zur beruflichen Weiterbildung eingeladen werde, um eben von meinen Erfahrungen im Sport zu berichten.

Probleme, die noch zu lösen sind

Trotz der zahlreichen Schwierigkeiten, mit denen ein Schiedsrichter in den Anfangsjahren konfrontiert ist, sorgt die Erfüllung, die er daraus zieht, dafür, dass die Bilanz insgesamt mit Sicherheit positiv ist.

Es macht einfach stolz, sich in wichtigen Begegnungen, und sei es auch nur bei der Jugend oder den Amateuren, zu bewähren, Spiele zwischen Schülermannschaften von Profivereinen zu pfeifen oder das mit Spannung erwartete Derby oder Spitzenspiel in der *Promozione* oder *Eccellenza* zu leiten. Und auf das, was man dabei lernt, kann man im Leben aufbauen.

Doch die Kehrseite der Medaille soll hier nicht verschwiegen werden. Damit meine ich die Opfer, die wir Schiedsrichter alle bringen müssen und die in erster Linie mit den Beschwernissen der Anreise zu tun haben. Ohne Auto lassen sich die meisten Plätze gar nicht erreichen. Sie liegen in Dörfern oder Städtchen ohne Bahnanbindung, und so muss man vielleicht seinen Vater bitten, einen hinzufahren, der auf diese Weise selbst auch noch seinen freien Sonntag opfert. Und so ist häufig nicht nur das Engagement des jungen Schiris selbst gefragt, sondern auch noch das seines Vaters, der aber vielleicht gar kein großer Fußballanhänger ist und daher, wie bei mir der Fall, vom Spiel auf dem Platz nichts versteht und lieber im Wagen sitzen bleibt und Zeitung liest.

Zu solchen organisatorischen Problemen gesellen sich nicht selten die schon angesprochenen der eigenen Sicherheit.

Man kann gar nicht oft genug betonen, dass Gewalt im Fußball einfach nichts zu suchen hat. Fußball ist ein Sport, Fußball ermöglicht es Kindern und Jugendlichen, mit Gleichaltrigen zusammen zu sein, ein Gemeinschaftsgefühl zu erleben und zu lernen, im Team Erfolge zu erzielen. Kurz, der Fußball ist eine Art Spiegelbild des Lebens: Auch im Leben arbeitet man mit anderen zusammen, um Ziele zu erreichen, etwa im Job, in der Firma, kämpft gemeinsam, um voranzukommen. Lokalpatriotismus und Rivalität sind Komponenten sowohl des Fußballs wie auch des Lebens, aber es ist doch verrückt, es zu Situationen kommen zu lassen, in denen die körperliche Unversehrtheit des Schiedsrichters oder der Spieler auf dem Spiel stehen. Aber das geschieht leider. Und ebenso geschieht es, dass die jungen Leute, die es übernommen haben, Spiele von Gleichaltrigen zu pfeifen, sich mit Menschen jenseits des Zauns auseinander setzen müssen, die sie beleidigen oder, gar noch schlimmer, attackieren. Weil sie nicht verstehen, dass diejenigen, die als Spieler oder als Schiedsrichter hinter dem Ball herrennen, nicht nur Fußball spielen, sondern auch Werte lernen, die ihnen im Leben unverzichtbar sein werden.

Und mag vielleicht der eine oder andere Schiedsrichter – absurderweise – solche Situationen noch hinnehmen, weil er sie als notwendigen Preis auf seinem Weg zur Spitze sieht, so sind sie vollkommen unerträglich für die vielen, vielen älteren Schiedsrichter, die, nur damit andere Fußball spielen können, sonntagmorgens in aller Herrgottsfrühe aufstehen, um vielleicht auch noch im strömenden Regen auf einem Hartplatz in der Provinz ein Spiel zu leiten.

Und ich glaube auch nicht, dass es der Drang, im Vordergrund zu stehen, oder Ähnliches ist, der normale Menschen dazu veranlasst, solche Opfer auf sich zu nehmen. Es ist allein die Liebe zum Sport, die Liebe zu dem, was die anderen tun – denn spielen tun ja die anderen –, die einen bei der Stange hält. Vielleicht hat man selbst auch ein wenig Spaß daran, aber mit Sicherheit haben die anderen mehr. Und es ist immer wieder traurig, von Episoden der Gewalt und der Intoleranz zu lesen oder zu hören, die auf allen Ebenen vorkommen. Und es schüttelt mich, wenn ich mir, wie leider häufig schon, anhören muss, ein »richtiger« Schiedsrichter müsse schon mal »eine Tracht Prügel« eingesteckt haben. Glücklicherweise bin ich in meinen fünfundzwanzig Jahren Schiedsrichtertätigkeit von so etwas verschont geblieben. Gewiss sind auch mir schon nach dem Abpfiff auf dem Platz Leute entgegengestürmt, die mich nicht gerade umarmen und mir zu einem guten Spiel gratulieren wollten. Und auch ich habe schon nach einem Spiel ein paar Stunden lang in der Umkleidekabine festgesessen und darauf gewartet, dass sich die Situation draußen so weit beruhigte, dass ich das Stadion verlassen konnte. Und manchmal passieren einem solch absurde Dinge, dass man sogar lächeln muss, wenn man nach Jahren noch mal daran zurückdenkt.

Ich erinnere mich da an einen Vorfall in der Serie C, in Castel di Sangro, einem kleinen Ort in den Abruzzen, wo nach dem Abpfiff eine Gruppe von Fans der Heimmannschaft vor dem Stadion auf mich wartete, um mir, euphemistisch ausgedrückt, ihre Sicht der Dinge kundzutun. Nach einiger Zeit beschlossen die Carabinieri, uns Unparteiische auf ihre Wache mitzunehmen, die, Ironie des Schicksals, nicht mehr als zweihundert Meter vom Stadion entfernt war, so dass die »Belagerer« ganz in Ruhe zu Fuß vom Stadion zum Revier umziehen konnten. Zum Glück überzeugten Dunkelheit und Kälte – es war Winter – sie irgendwann davon, dass es besser sei, nach Hause zu gehen, und so endete die »Belagerung«, ohne dass Verstärkung anrücken musste, um uns zu befreien.

Vielleicht ist es normal, dass die Leidenschaft und das Hängen an einer Mannschaft dazu führen, im Schiedsrichter eine Art Feind zu sehen, insbesondere wenn jener Schiedsrichter an den Sonntagen oder in den Spielzeiten zuvor wichtige Entscheidungen gegen die eigene Mannschaft getroffen hat. Solange es bei beleidigenden Sprechchören bleibt, hält sich der Schaden in Grenzen. Das eigentliche Problem ist körperliche Gewalt. Fest steht, ein gewalttätiges oder bedrohliches Verhalten darf auf keiner Ebene hingenommen werden. Nicht im Jugend- und Amateurbereich, wo der Sport in erster Linie ein Freizeitvergnügen sein sollte, gewürzt mit dem Pfeffer des Wettbewerbs und des Leistungsgedankens. Aber auch nicht im Profifußball, wo man Gegenspieler und Schiedsrichter, wenn man schon unbedingt Feinde in ihnen sehen muss, immer noch als Menschen zu respektieren hat. Es ist unfassbar und kriminell, in einem Stadion auch nur eine Münze, geschweige denn eine volle Flasche oder einen Feuerwerkskörper zu werfen, ohne zu wissen, wo der Gegenstand aufkommt, und ohne daran zu denken, dass diese Tat, wenn jemand getroffen wird, zu schlimmen Verletzungen führen kann.

Viele werden sich noch erinnern, wie vor mittlerweile einer Reihe von Jahren im Olympiastadion von Rom ein ahnungsloser Fan von einer Leuchtrakete getroffen und getötet wurde. In jüngerer Zeit hat sich Ähnliches im Stadion von Messina zugetragen. Es ist doch klar, dass keine Verbundenheit mit einem Team, keine Rivalität, kein gegebener oder nicht gegebener Elfmeter solch eine Tragödie rechtfertigen kann. Aber was dabei zu denken gibt, ist die Tatsache, dass gerade bei den tragischsten Zwischenfällen der Spielverlauf oder die Schlüsselszenen der Partie kaum eine Rolle spielten. Tröstet mich diese Tatsache einerseits, weil sie beweist, dass keine Schiedsrichterentscheidung der Anlass war, so macht sie mich auf der anderen Seite sogar noch ratloser.

Wenn es uns nicht gelingt, die Werte des Miteinanders und der gegenseitigen Achtung mit neuem Leben zu erfüllen, sieht die Zukunft des Fußballs sehr düster aus. Und leider nicht nur die des Fußballs.

Forever young

Manche Schiedsrichter machen auch dann weiter, wenn sie keine Hoffnungen mehr haben, es bis zur Spitze zu schaffen, und ihre Karriere am Endpunkt angekommen ist. Ich nenne sie die »Junggebliebenen«, denn sie sind zwar den Jugendjahren entwachsen – manche sind siebenunddreißig, achtunddreißig Jahre alt, andere auch älter –, haben sich aber dennoch eine jugendliche Begeisterung für den Fußball bewahrt, die sie dazu antreibt, bei jedwedem Wetter und zu den unmöglichsten Zeiten auf irgendeinem schlammigen Fußballplatz herumzulaufen, anstatt sonntagmorgens schön gemütlich im Bett zu bleiben oder in eine Bar zu gehen, um in Ruhe zu frühstücken und unbeschwert die Zeitung zu lesen.

In meinem nächsten Umfeld habe ich ein Beispiel für solch einen positiv Besessenen. Er heißt Pino Lieti, ist sechsunddreißig Jahre alt und war Schiedsrichterassistent in der Serie C. Mir persönlich war er eine enorme Hilfe bei der konditionellen Vorbereitung der EM 2000 und der WM 2002. Anstatt nach dem Ende seiner Saison in den verdienten Urlaub zu gehen, legte er einen Monat Zusatztraining für mich ein, um mir als Sparringspartner zu dienen und mit mir zusammen Runde um Runde zu laufen. Für mich gibt es ja nichts Schlimmeres, als alleine zu laufen, und gerade wenn es anstrengend wird und die Kräfte nachlassen, brauche ich jemanden an meiner Seite, der mich anspornt und mitzieht. Und dieser Pino Lieti hat nun, nachdem er als Assistent in der Serie C aufgehört hat, noch mal eine neue Saison angefangen und ist zu einem Spiel der Bambinis in die Provinz Massa gefahren, das er mit der gleichen Einstellung und dem gleichen Engagement wie ein Schiri in der ersten Liga leitete.

Ich habe zwei Töchter, die beide nicht Fußball spielen. Sollten sie aber doch eines Tages damit anfangen, würde ich mich glücklich schätzen, wenn sie ein Schiedsrichter wie Pino, von denen es viele, viele in Italien gibt, bei ihren ersten Erfahrungen mit dem Fußball im Kreis anderer Kinder »begleiten« würde. Ich wäre glücklich und hätte keine Worte, um meine ganze Hochachtung und meinen Dank auszudrücken.

Deshalb betrübt es mich so sehr, wenn, wie leider häufig der Fall, ein Schiedsrichter schon bei den Allerjüngsten gnadenlos ausgepfiffen wird, nur weil er einen Elfmeter gegeben oder nicht gegeben hat.

Und dennoch hoffe ich, mehr mit dem Herzen als mit dem Verstand, dass solche unerfreulichen Verhaltensweisen aus der unzulänglichen, wenn nicht gar vollkommen fehlenden Kenntnis der Werte des Sports herrühren. Diese Werte lassen sich vermitteln. Man könnte Begegnungen zwischen denen, die spielen, und denen, die Spiele leiten, auch auf Jugendebene schaffen, um sich über Erfahrungen und Motivationen, Kenntnisse und Ziele auszutauschen. Ein gegenseitiges Verständnis könnte andere Urteile und Verhaltensweisen hervorbringen.

Wenn etwas zum Wohl der Kinder getan wird, sollten sich die Eltern eigentlich als Erste darüber freuen. Doch wahrscheinlich wird dieser Aspekt noch nicht klar genug gesehen. Deswegen wäre es sinnvoll, die Rolle des Schiedsrichters besser zu vermitteln. Es gibt bereits Ansätze, die in diese Richtung gehen. Aber bis zum Ziel ist es noch ein weiter Weg.

Was ist die wahre Rolle des Schiedsrichters?

Vor einiger Zeit saß ich abends im Teatro Ariston von Sanremo neben Edgar Davids. Während wir beide darauf warteten, einen Preis entgegenzunehmen, sagte der holländische Fußballer, kein Mann vieler Worte, der aber, wenn er etwas sagt, die Sache auf den Punkt bringt, zu mir: »Erklär mir mal eins. Wenn ich aufs Feld gehe, tue ich das, um zu gewinnen, für mich selbst, für meine Mannschaft. Aber was ist mit dir? Warum stehst du auf dem Platz?« Ganz einfach gesagt: Ich und alle anderen Schiedsrichter gehen auf den Platz, um den eigentlichen Protagonisten, den Spielern also, dabei zu helfen, unter Beachtung der Regeln, mithin auf die bestmögliche Art und Weise, Fußball zu spielen. Gewöhnlich spielt man nämlich dann gut, wenn die Regeln respektiert werden. Und die spektakulärsten Begegnungen sind jene, in denen am wenigsten Fouls passieren, in denen das Spiel nicht fortwährend unterbrochen wird und ein hoher Rhythmus erhalten bleibt. Der Schiedsrichter ist also der Mann, der den Mannschaften hilft, eine tolle Show zu liefern. Eine Show, die vor allem, aber nicht notwendigerweise, auf höchstem Niveau die Voraussetzung dafür ist, dass das »Produkt Fußball« bei denen ankommt, die es »kaufen« sollen, also den Fans im Stadion oder am Fernseher, die darüber diskutieren und sich dafür begeistern. Ich denke, es ist absolut nicht interessant oder amüsant, den Spielern dabei zuzuschauen, wie sie sich auf dem Platz was auf die Knochen geben. Ein gutes Spiel, eine tolle Show, erlebt man nur dann, wenn in konstant hohem Tempo gespielt wird und am Schluss höchstens fünfundzwanzig, sechsundzwanzig Spielunterbrechungen wegen »natürlichen« Foulspiels zu verzeichnen sind. Damit sind Fouls gemeint, bei denen der Spieler eindeutig den Ball zu erobern versucht, aber eben einen Tick zu spät kommt und deswegen den Gegner trifft. Gibt es aber fünfundfünfzig oder noch mehr solcher Fouls in einem Spiel, ist es unvermeidlich, dass der Spaßfaktor rapide absinkt.

Die Rolle des Schiedsrichters ist daher eine »dienende«. Er geht auf den Platz, nicht um in den Vordergrund zu treten, geschweige denn um, wie man manchmal hört, das »Resultat zu steuern«, sondern um es den Fußballern zu ermöglichen, ihre Fertigkeiten als Spezialisten des Events Fußball optimal zur Geltung zu bringen.

Und damit dies gelingt, versucht jeder Schiedsrichter, immer sein Bestes zu geben, versucht also, mit anderen Worten, auf seine Weise auch zu gewinnen.

Wie jeder Mensch, der gewinnen will, ist auch der Schiedsrichter in den neunzig Minuten der Begegnung sein treuester Fan.

Ich muss immer lächeln, wenn mich jemand fragt, ob ich Fan einer bestimmten Mannschaft bin. Aber es macht mir auch klar, wie wenig doch über Schiedsrichter und ihre Einstellung bekannt ist. Selbstverständlich hatte, oder hat noch immer, jeder Schiedsrichter einen Verein, für den sein Herz schlägt. Schließlich kommen wir nicht vom Mars, und in unserer Kindheit und Jugend hat der Fußball mit Sicherheit eine große Rolle gespielt. Zu glauben, ein Schiedsrichter habe sich nie zu einem bestimmten Verein besonders hingezogen gefühlt, geht daher vollkommen an der Sache vorbei. Aber interessanterweise werden immer wir Schiedsrichter, nie die Spieler mit dieser Frage konfrontiert. So als sei es bei diesen ganz normal, zu einem Verein zu halten. Aber so ist es eben. Von vielen Spielern weiß man, dass sie große Anhänger eines bestimmten Vereins sind, gegen den sie in ihrer Karriere dann oft genug gespielt haben. Mir fällt da Walter Zenga ein, der bei Inter groß wurde, es zum Torhüter der ersten Mannschaft brachte, schließlich zum Kapitän und sich so zu einem der Aushängeschilder des Vereins entwickelte. Als er dann zu Sampdoria Genua wechselte, kam niemand auf die Idee zu vermuten, er könne bei den Spielen gegen Inter bewusst oder unbewusst weniger engagiert zur Sache gehen. Man weiß eben, die Spieler sind Profis, und wenn sie auf dem Platz stehen, geben sie alles, um zu gewinnen. Aber das Gleiche sollte man eben auch für den Schiedsrichter gelten lassen. In dem Moment, da ich aufs Feld laufe, kenne ich nur noch ein Ziel: die beste Leistung, zu der ich fähig bin, abzurufen. Da verschwende ich doch keinen Gedanken daran, dass eine der beiden Mannschaften, die ich pfeife, von meinem Lieblingsverein sein könnte. Und so wie Zenga versucht haben wird, in den Spielen gegen Inter alle Bälle zu parieren, um sich dann den Rest der Saison über bei Siegen von Inter mit den Schwarz-Blauen zu freuen, so jubelt auch ein Schiedsrichter außerhalb der neunzig Minuten über die Siege seiner Mannschaft. Aber während des Spiels, da können Sie sicher sein, ist er nur sein eigener Fan.

Zahlende Schiedsrichter

Ein weiterer Beweis für den großen Idealismus, der die Schiedsrichter trägt, ist die Tatsache, dass sie immer schon das Geld für die Ausgaben, die ihnen bei ihrer Tätigkeit entstehen, aus eigener Tasche vorgelegt haben.

Damit meine ich hier die Kosten für die Anreise, die Mahlzeiten und eventuell das Hotelzimmer. Das reicht von unter fünfzig Euro für die kürzesten Fahrten bis zu mehreren hundert für die weitesten Reisen. All das wird vom Unparteiischen ausgelegt und ihm später erst, üblicherweise nach einigen Monaten, zurückerstattet. Und für alle Geräte, die er für Training und Spiel braucht, kommt er selbst auf. Nur die Schiedsrichterkleidung wird komplett, jährlich neu, vom italienischen Schiedsrichterverband gestellt. Alles andere aber, wie Schuhe, Trainingsanzug, Unterwäsche usw., hat der Schiedsrichter selbst zu kaufen.

Nicht bloß Leid

Als Ausgleich für die vielen Schattenseiten, die mit der Ausübung seiner Tätigkeit verbunden sind, gibt es für den Schiedsrichter aber auch viele schöne Dinge, die ihn entschädigen.

In erster Linie würde ich hier den menschlichen Aspekt nennen, das Erlebnis des Zusammenseins mit anderen, die die gleiche Leidenschaft bewegt, also den anderen Schiedsrichtern der Sektion oder der Gruppe der Unparteiischen, die zur gleichen Spielklasse zählen, Gleichgesinnte, mit denen man Erfahrungen teilt oder geteilt hat, Schönes und weniger Schönes, durch die man sich weiterentwickelt hat und die man, vielleicht erst nach vielen Jahren, in den Momenten und an den Orten, wo man es am wenigsten erwartet, wieder trifft. Ich übertreibe sicher nicht, wenn ich sage, dass in der Welt der Schiedsrichter, verstanden als großer Verbund, tatsächlich noch Werte gelebt werden, die in anderen Umfeldern kaum noch zu finden sind. Werte wie Einigkeit, Solidarität, Hilfsbereitschaft gegenüber den anderen Verbandsmitgliedern, wodurch diese Welt, man verstehe mich jetzt nicht falsch, fast so wie eine Art Freimaurerloge erscheint. Das heißt, man ist für alle anderen da und bietet ihnen jede erdenkliche Hilfe an, ohne sie überhaupt persönlich zu kennen, und das aus dem einzigen Grund, weil man gemeinsam der AIA angehört. Es gibt wenige andere Verbände, in denen man ein ähnliches Zusammengehörigkeitsgefühl findet.

Nicht zu vergessen sind natürlich die Befriedigungen, die aus den persönlichen Erfolgen resultieren. Eine gute Vorstellung, eine überzeugende Leistung, das Wissen, seiner Aufgabe gewachsen zu sein, belohnen und entschädigen einen in vollem Umfang für die Opfer, die dafür zu bringen sind. Was, wie ich noch mal betonen möchte, nicht notwendigerweise bedeuten muss, es bis zu den höchsten Spielklassen zu schaffen. Die Zahlen sprechen für sich; es sind nur wenige, die ganz oben ankommen.

Von den 25 000 Schiedsrichtern, die heute in Italien tätig sind, pfeifen nur 35 in der ersten oder zweiten Liga, also ein dermaßen niedriger Anteil, dass er statistisch kaum zu erfassen ist und der an das Lied *Uno su mille ce la fa…* (»Einer von tausend schafft es …«) erinnert.

Sehr viel wichtiger ist aber die Erfüllung, die die Unparteiischen in den unteren Spielklassen, besonders in den Jugendspielklassen finden, eine Erfüllung, die aus der nur selten von außen bestätigten Überzeugung erwächst, es mit den eigenen Anstrengungen anderen, häufig den Jüngsten, zu ermöglichen, beim Sport ihren Spaß zu haben.

Es ist nicht leicht zu erklären und vielleicht noch schwieriger zu verstehen, aber ich bin überzeugt, dass es sich hier um eine unbezahlbare, wunderbare, ganz einzigartige Erfüllung handelt. Es wäre vielleicht übertrieben, die Tätigkeit von Fußballschiedsrichtern mit der Arbeit von Hilfsorganisationen zu vergleichen, aber gewisse Parallelen meine ich schon zu erkennen.

Sport ist von fundamentaler Bedeutung für das Heranwachsen einer jungen gesunden Generation mit festen allgemeingültigen Werten und Grundsätzen, und sich dafür ins Zeug zu legen, damit in unserem Land Breitensport betrieben werden kann, schenkt dem Schiedsrichter die tiefste Erfüllung, die sich in unserer Tätigkeit finden lässt.

Und schließlich, das versteht sich von selbst, ist da der Stolz, der einen erfüllt, wenn man genug Talent und Glück hat, um von Spielklasse zu Spielklasse aufzusteigen, und sich in immer bedeutenderen Meisterschaftsrunden mit immer höherem Spielniveau bewährt.

In der Tätigkeit eines Schiedsrichters, seiner Karriere, geht es sicher auch um Wettbewerb. Und das ist richtig so. Man bringt Opfer, um Leistungen zeigen zu können, und wenn das gelingt, hat man die Möglichkeit, ein immer höheres Niveau zu erreichen. Und da es nicht alle schaffen können, muss es Auswahlverfahren geben, die eben auch auf Wettbewerb beruhen.

Dass es nun stolz macht, sich hervorzutun, als guter Schiedsrichter zu gelten und immer zu den Kandidaten für den Aufstieg in die nächsthöhere Klasse zu gelten, lässt sich einfach nicht leugnen.

Eine (provisorische) Bilanz

Ziehe ich eine erste persönliche Bilanz meiner fünfundzwanzig Schiedsrichterjahre, muss ich sagen, dass das Schöne die Enttäuschungen und Probleme, besonders der Anfangsjahre, eindeutig überlagert.

Heute ist die Kluft zwischen den positiven und negativen Seiten meiner Tätigkeit sogar riesengroß. Und doch fragt man sich immer wieder mal: »Warum machst du das eigentlich noch?«, speziell in manchen schweren Momenten, wenn man feststellt, dass man trotz der Mühe, die man in eine optimale Vorbereitung investiert hat, wieder mal umbarmherzig kritisiert wird, und das vielleicht nur, weil die Fernsehkamera etwas beweisen konnte, was für einen selbst unmöglich zu sehen war.

Und manchmal kann man schon versucht sein, die Brocken hinzuschmeißen: Ihr wollt das Fernsehen? Dann lasst doch das Fernsehen pfeifen!

Sonst jedoch wird jeder, der es so weit wie ich geschafft hat, Stolz und Freude empfinden, die nur schwer zu beschreiben und zu erklären sind. Es ist schon phantastisch, in der Welt der großen Fußballstars zu Hause zu sein, sie von nahem zu sehen, Spiele gemeinsam mit ihnen zu erleben. Und das sagt jemand, der bis zum Abitur Fußballerbildchen gesammelt hat.

Und dennoch hätte ich vielleicht, wären die Erfolge der letzten Jahre für mich ausgeblieben, auf unteren Ebenen weitergepfiffen. Vielleicht, beweisen lässt es sich nicht. Sicher weiß ich aber, dass das letzte Spiel, das ich vor meiner Abreise zur WM 2002 gepfiffen habe, ein Schülerspiel in Livorno war.

Mir macht es Spaß, Spiele zu leiten, aber um das tun zu können, habe ich Opfer bringen müssen.

Oder genauer gesagt, ich habe mich entscheiden müssen, speziell in beruflicher Hinsicht, um genug Zeit und Freiraum, vor allem in der Vorbereitung, für meine Schiedsrichtertätigkeit zu haben.

Hätte ich mich anders entschieden und einer anderen beruflichen Tätigkeit den Vorzug gegeben, wäre mein Weg mit Sicherheit ganz anders verlaufen. Dann hätte mir möglicherweise auch die Zeit, wohlgemerkt nicht die Lust, gefehlt, weiterhin Spiele, allerdings auch auf niedrigerem Niveau, zu pfeifen.

Meine beruflichen Entscheidungen waren immer danach ausgerichtet, dass ich Fußballschiedsrichter sein wollte. Und heute kann ich sagen, dass diese Entscheidungen richtig waren. Es macht mir Spaß, was ich tue, und der beste Beweis dafür ist, dass ich, wenn ich mal auf die Bank gesetzt, das heißt am Wochenende nicht angesetzt werde, mit Sicherheit vor Freude keine Luftsprünge mache, auch wenn ich den Sinn des Rotationsprinzips durchaus verstehe.

Die Schiedsrichterorganisation

Die *Associazione Italiana Arbitri* zählt zu den modernsten und leistungsstärksten Verbänden ihrer Art auf der Welt, nicht zuletzt hinsichtlich der Sorgfalt, die auf die weniger auffallenden Aktivitäten verwendet wird. Jede Sektion hat einen eigenen Vorsitzenden und einen Vorstand, der sich um die Betreuung der lokalen Meisterschaftsrunden der Amateur- und Jugendmannschaften kümmert. Die Regionalausschüsse koordinieren die Arbeit der verschiedenen Sektionen auf regionaler Ebene, deren Arbeit wiederum auf nationaler Ebene vom Landesausschuss kontrolliert wird. Die verschiedenen Organe erledigen alle anfallenden Aufgaben im Verbands- und Schiedsrichterwesen und stützen sich dabei auf eine Reihe von Ausschüssen, die die verschiedenen Meisterschaften betreuen und sich um die Ausbildung der Schiedsrichter sowie, nach dem Urteil von Spielbeobachtern, deren Auswahl für den Aufstieg in die nächsthöhere Spielklasse kümmern.

Schiedsrichteraufstieg

Üblicherweise beginnt ein Schiedsrichter in den Jugendspielklassen zu pfeifen. Dort wird er bei jedem Spiel von den Spielbeobachtern unter die Lupe genommen, und der Ausschuss, der für ihn zuständig ist, schlägt ihn dann, wenn er sich bewährt, für den Aufstieg in die nächsthöhere Spielklasse vor. Dabei sind die Urteile der Spielbeobachter niemals kühle, sterile Zeugnisnoten nach dem einfachen Motto »gut« oder »schlecht«, sondern ausführliche Berichte. Für die Weiterentwicklung eines Schiedsrichters ist die Zeit nach dem Spiel von besonderer Bedeutung. Dann sucht ihn der Beobachter in der Kabine auf und spricht mit ihm über das, was er gesehen hat. Diese Besprechung hat, wenn sie positiv verläuft, also die Kritik konstruktiv vorgebracht und aufgenommen wird, großen Einfluss auf die Leistungssteigerung eines Unparteiischen. Nicht anders läuft es oben an der Spitze, also in der Serie A und bei internationalen Begegnungen, auch wenn es sich, um der Wahrheit die Ehre zu geben, für die erfahrensten Unparteiischen dabei in erster Linie nur noch um eine Überprüfung der aktuellen Form und der Einstellung, mit der man in ein Spiel gegangen ist, handelt. Die Beurteilungen der einzelnen Spielbeobachter werden von den zuständigen Ausschüssen gesammelt, die auf dieser Grundlage dann die Auslese der Schiedsrichter vornehmen, die logischerweise von Spielklasse zu Spielklasse immer »brutaler« wird. Man bedenke nur, dass von den zirka achtzig Schiedsrichtern der Serie C lediglich vier zu Ende der Meisterschaft in die Serie B überwechseln. Nur fünf Prozent, ein Beweis, wie schwierig es wirklich ist, es bis ganz nach oben zu schaffen.

Wie man sieht, handelt es sich um sehr akkurate, strenge, aber gewiss auch gerechte Auswahlverfahren. Wie überall können natürlich auch hier Fehler vorkommen. Vielleicht ist der eine oder andere Schiedsrichter mit Potenzial unterwegs auf der Strecke geblieben. Aber ich bin weiterhin der Überzeugung: Wenn es einer nicht geschafft hat, wird das eher an ihm selbst als an denen gelegen haben, die ihn zu beobachten hatten. Hat einer das Zeug zum Aufstieg, schafft er es in der Regel früher oder später auch.

Der Beruf Schiedsrichter

Unter den zahlreichen Genugtuungen, die die Schiedsrichtertätigkeit dem Einzelnen schenken kann, soll die finanzielle Seite nicht verschwiegen werden.

Dies betrifft allerdings nur jene Unparteiischen, die im Profifußball der Serien A und B zum Einsatz kommen. Dennoch ist es sinnvoll, darüber ein Wort zu verlieren.

Der italienische Fußballverband und die *Associazione Italiana Arbitri* haben irgendwann begriffen, dass Schiedsrichter, die den Anforderungen des Profifußballs gerecht werden sollen, Zeit und Energie für die Vorbereitung investieren, die ihnen logischerweise für eine andere berufliche Tätigkeit verloren gehen. Die Zeiten, in denen man als Hobby große Fußballspiele pfeifen konnte, sind vorbei. Außerdem verstehe ich unter Hobby auch einen Zeitvertreib, einige Stunden, in denen man etwas tut, um sich zu entspannen und zu zerstreuen. Ein Buch zu lesen kann ein Hobby sein, Angeln, Golfspielen, aber ganz gewiss nicht, ein Spiel der Serie A zu leiten. Und wäre ich Clubpräsident oder Spieler oder Manager, würde mir die Vorstellung nicht gefallen, dass jene Leute, die im Fußball eine so wichtige Rolle ausfüllen, dies bloß zum Zeitvertreib tun.

Um zu gewährleisten, dass Schiedsrichter wirklich die Zeit haben, die sie brauchen, hat der italienische Fußballverband im Einverständnis mit der FIFA und der UEFA beschlossen, die Tätigkeit der Unparteiischen zu vergüten, was einem großen Verband wie dem italienischen sicher leichter fällt als Verbänden solcher Länder, in denen der Fußball ökonomisch nicht diese Relevanz besitzt.

Die Bezahlung der italienischen Schiedsrichter wurde dem immer höher werdenden Aufwand angepasst, der von uns verlangt wird. Einer ersten Einführungsphase Ende der achtziger, Anfang der neunziger Jahre folgte vor vier Jahren eine zweite Phase, in der die Profibedingungen noch verstärkt wurden, zum Beispiel durch die Lehrgänge, von denen ich bereits berichtet habe, die im ersten Jahr wöchentlich, im zweiten dann schon zweimal wöchentlich stattfanden.

In Anbetracht der Lehrgänge, der längeren Trainingslager, den im Verlauf der Woche obligatorischen Trainingseinheiten mit den Fitnesstrainern und allgemein der Zeit, die wir dem Verband zur Verfügung zu stehen haben, wurde ein Vergütungssystem eingeführt, das einerseits auf einem jährlichen Festbetrag und andererseits auf Honoraren für jedes geleitete Spiel basiert, Honoraren, die sich danach richten, ob man in der Serie A oder in der Serie B oder im italienischen Pokalwettbewerb eingesetzt war. Verglichen mit den Durchschnittslöhnen in Italien, hat ein Schiedsrichter, der häufig in der Serie A zum Einsatz kommt, ein überdurchschnittlich hohes Einkommen, das allerdings stark relativiert wird, wenn man es mit den Durchschnittsgehältern des Umfelds vergleicht, in dem wir tätig sind, also der Welt der großen Fußballstars.

Um die Sache richtig einzuschätzen, sollte man Folgendes bedenken: Die Tätigkeit als bezahlter Schiedsrichter hat einschneidende, manchmal radikale Entscheidungen auf beruflicher Ebene zur Folge. Sehr häufig nämlich lässt sich der eigentliche Beruf nur schlecht mit der Aktivität als Unparteiischer in Einklang bringen. Deshalb sahen sich viele von uns gezwungen, sich neuen beruflichen Aufgabenfeldern zuzuwenden, wurden Versicherungsvertreter, Finanzberater, Partner in einem Beratungsbüro gleich welcher Ausrichtung. Immer weniger Schiedsrichter sind abhängig Beschäftigte, was auch nur noch dank spezieller Absprachen mit dem Arbeitgeber möglich ist.

Und wenn in manchen Fällen die eventuell erlangte Popularität beruflich weiterhilft, stellt im Allgemeinen die Tatsache, für seinen Beruf nicht mehr die notwendige Zeit aufwenden zu können, eine objektive Beschränkung dar. Dies vor allem in der entscheidenden Phase, wenn es um den Aufbau einer beruflichen Zukunft geht, also im Alter von dreißig bis fünfundvierzig Jahren, die mit der Zeit der Schiedsrichtertätigkeit auf höchstem Niveau zusammenfällt. Es liegt auf der Hand, dass ein Schiedsrichter, der mit, günstigstenfalls, fünfundvierzig nach zehn, elf Jahren in der Serie A seine Pfeife an den Nagel hängt, beruflich ins Hintertreffen geraten ist gegenüber einem Gleichaltrigen, der in dieser Zeit ganztags berufliche Erfahrungen sammeln und sich um den Aufbau seine Karriere kümmern konnte. Der finanzielle Aspekt sollte daher nicht nur unter dem Gesichtspunkt »Vergütung« der heute aufgewendeten Zeit gesehen werden. Er ist auch eine Entschädigung für das, was wir morgen nicht mehr erreichen können, weil wir heute nicht die Gelegenheit haben, das Fundament dazu zu legen.

Das Wichtigste ist aber, dass man allgemein begriffen hat: Ein Schiedsrichter muss, um Leistung zu bringen, viel, viel Zeit in die Vorbereitung investieren. Es gibt keinen Schiedsrichter mehr, der täglich irgendeinem Beruf nachgeht, zweimal in der Woche abends trainiert und dann sonntags sein Spiel pfeift. Heute braucht man nur mal eine Woche weniger gut als sonst zu trainieren, vielleicht wegen einer Erkältung, um es am Sonntag zu spüren zu bekommen. Auch wenn man sich irgendwie über die Runden rettet, man weiß doch schon im Voraus, dass man heute nicht hundert Prozent geben kann.

Ähnlich, wie ein Fußballspieler alles versucht, um auflaufen zu können, beuge auch ich mich einer Grippe oder einer Verletzung erst, wenn es gar nicht mehr anders geht. Niemandem macht es ja Spaß, ein Spiel ausfallen zu lassen. Glücklicherweise reagiert mein Körper sehr schnell auf Behandlungen, und weil ich mich kenne, weiß ich zum Beispiel, dass ein grippaler Infekt auch noch wenige Tage vor dem Spiel für mich kein Problem ist. Und außerdem kann ich immer auf die Hilfe des Arztes zählen, der für uns Schiedsrichter der Serie A zuständig ist. Das ist Angelo Pizzi, der wie ich aus Viareggio kommt und daher des Öfteren schon gefordert war, mich in Rekordzeit wieder auf die Beine zu bringen.

Gibt es denn hinsichtlich des Zeitaufwands noch einen Unterschied zwischen einem Schiedsrichter der Serie A und einem Profifußballer? Kaum, würde ich sagen. Ein internationaler Schiedsrichter, der unter der Woche im Ausland pfeift und am Wochenende in Italien eingesetzt ist, kann praktisch keine Zeit mehr für andere Dinge erübrigen.

Um noch mal ein genaueres Bild zu vermitteln: In einer Saison finden durchschnittlich fünfundzwanzig dreitägige Lehrgänge in Coverciano statt, ein elftägiges Trainingslager in Sportilia sowie durchschnittlich fünfundzwanzig Meisterschaftsspiele, für die jeweils zwei Tage zu veranschlagen sind. Damit kommen wir auf zirka hundertdreißig Tage, zu denen man bei einem FIFA-Schiedsrichter wie mir noch gut ein Dutzend internationaler Partien mit jeweils dreitägigen Auswärtsreisen hinzuzählen muss. Die Summe der außer Haus verbrachten Tage während der Meisterschaft beläuft sich so auf stolze einhundertsiebzig. Wenn man dann noch die obligatorischen Trainingseinheiten bedenkt, bleibt für eigene Aktivitäten kaum noch Raum.

Und die Zukunft geht immer mehr in die Richtung einer definitiven Professionalisierung des Schiedsrichterwesens. Dieser Trend wird nicht umzukehren sein. Die Notwendigkeit einer immer besseren Vorbereitung verlangt geradezu den Profischiedsrichter. Aber Vorsicht: Die Gleichung gut bezahlter Berufsschiedsrichter gleich fehlerloser Schiedsrichter geht nicht auf. Profi zu sein bedeutet, die bestmöglichen Voraussetzungen zu schaffen, um den beruflichen Anforderungen gewachsen zu sein, also sich optimal vorzubereiten, das aber in dem Wissen, dass Fehler dennoch jederzeit passieren können.

Ich weiß nicht, ob und wann unser Status als Profis auch formal festgeschrieben wird. Wichtig ist nur, dass wir in die Lage versetzt wurden, wie Profis zu arbeiten, dass also alle Fußballorganisationen die Notwendigkeit begriffen haben, in die Schiedsrichter zu investieren. Doch wohlgemerkt: nicht nur in die Eliteschiris und die Schiedsrichter von heute. Ebenso ist es geboten, in die Zukunft zu investieren und die Schiedsrichter von morgen auszubilden. Deshalb muss großes Augenmerk auch auf den Nachwuchs gelegt werden, so wie es die großen Vereine mit ihren »Talentschmieden«, in denen die Champions von morgen heranwachsen, bereits tun.

VI MEINE PRIVATE WELT

Eine Kindheit im Zeichen des Fußballs

Eigentlich missfällt es mir ja, dieses neue Kapitel des Buches, in dem es um meine persönliche Geschichte, mein Privatleben, gehen soll, mit der Standardeinführung zu beginnen, aber mir fällt kein besserer Einstieg ein. Da kann man nichts machen. Also …

Ich wurde am 13. Februar 1960 in Bologna im Zeichen des Wassermanns geboren. Meine Eltern stammen beide aus der Provinz Bologna: Meine Mutter kam in Imola, an der Grenze zur Romagna, zur Welt, mein Vater in den Ausläufern des Apennins zwischen Bologna und Modena. Viele Jahre lang war meine Mutter Grundschullehrerin, während mein Vater als Angestellter für das Verteidigungsministerium arbeitete. Da meine Eltern also beide berufstätig waren, verbrachte ich als Kleinkind, bevor ich in den Kindergarten kam, viel Zeit bei meinem »Kindermädchen« Bice, einer älteren Dame, die mich betreute und, da ich damals schon Pasta lieber als Fleisch mochte, mit Nudelgerichten verwöhnte.

Obwohl ich im Februar geboren wurde, also kein »Kann-Kind« bin, beschlossen meine Eltern, mich schon mit fünfeinhalb Jahren zur Schule zu schicken, und so besuchte ich die so genannte »primina«, also die allererste Klasse als Externer in einem von Nonnen geführten Institut. Damals war es noch nicht möglich, mit fünf regulär eingeschult zu werden, auch nicht in jener zwar staatlich anerkannten, doch privaten Schule der Sant'-Anna-Schwestern in Bologna.

Kurzum, ich war ein richtiger »Illegaler«, und so geschah es, dass mich die Nonnen, wenn der Vertreter des Schulamts zur Inspektion kam, verstecken mussten. Ich kann nicht sagen, dass mir das großen Spaß gemacht hätte.

Nachdem ich dann die Aufnahmeuntersuchung für die erste Klasse hinter mich gebracht hatte, konnte ich dort ganz regulär eingeschult werden.

Meine Erinnerungen an jene Zeit sind ein wenig verschwommen, doch manche Details habe ich noch sehr klar vor Augen. So erinnere ich mich noch ganz genau an das Wangenzwicken und Ohren-lang-Ziehen einer bestimmten Nonne, wenn man etwas verbockt hatte, und welche Angst wir alle vor ihr hatten.

Oder an den Tag, als ich beim Mittagessen gezwungen war, nach der Suppe einen Hauptgang mit Kohl zu essen, den meine Mutter mir, ich weiß auch nicht, wieso, ins »Töpfchen« getan hatte, das jedes Kind zur Schule mitbrachte: Noch heute ergreife ich angewidert die Flucht, wenn mir Kohlgeruch in die Nase steigt.

Oder an den Tag – ich war noch im »allerersten« Schuljahr –, als die Schulrätin zu Besuch kam und ich in einer Abstellkammer im Nonnentrakt versteckt wurde, aus dem man mich den ganzen Morgen über nicht mehr rausholte.

Weniger verschwommen sind dagegen meine Erinnerungen an die nicht enden wollenden Fußballspiele, die auf einem »Bolzplatz« hinter der Pfarrkirche, wo man zwei Tore aufgestellt hatte, ausgetragen wurden. Dieser Bolzplatz lag direkt hinter unserem Haus, und wenn das Wetter danach war, spielten wir dort ganze Nachmittage lang, bis die Dunkelheit hereinbrach.

Schweißgebadet kam ich abends nach Hause und musste regelmäßig geharnischte Strafpredigten von meiner Mutter über mich ergehen lassen. Besonders dann, wenn ich mir wieder einen Schnupfen geholt hatte. Jahre später stellte sich zwar heraus, dass diese häufigen Erkältungen in einer Allergie gegen unzählige Dinge begründet lagen und das Schwitzen damit gar nichts zu tun hatte. Aber die Schimpftiraden musste ich trotzdem über mich ergehen lassen.

Ich hing so sehr an diesem Bolzplatz, dass mir, als wir dann – ich mochte wohl so sechs, sieben Jahre alt sein – in eine gerade mal einen Kilometer entfernte Wohnung zogen, so weh ums Herz war, als zögen wir in eine andere Stadt. Zum Glück hatte auch in diesem Fall das Leiden rasch ein Ende, denn bald schon hatte ich einen neuen, vielleicht sogar besseren Bolzplatz und auch neue Freunde gefunden. Ja, der Umzug erwies sich sogar als Vorteil, denn da ich die beiden Gruppen zusammenbrachte, wurden unsere Spiele nur noch interessanter.

Auch wenn der Bolzplatz wegen tagelangen Regens, Schnee oder Eis »unbespielbar« war, spielte Fußball weiter eine Hauptrolle in meinem Leben.

Denn dann wurden die Spiele ins Trockene verlegt und auf dem heimischen Fußboden ausgetragen, mit zwei kleinen Lego-Toren und einer Reihe von Mannschaften, die mit Panini-Fußballerbildchen bestückt waren. Eine Art selbst gefertigtes Tipp-Kick mit einem Ball aus Alufolie und einem rückenverstärkten Torwart, damit es ihn nicht gleich bei jedem Schuss umhaute.

Da wurden ganze Turniere mit Hin- und Rückspiel organisiert. Echte Heim- und Auswärtsspiele, bei denen man sich an ungewohnte Platzverhältnisse, also den Fußboden im Zimmer des Nachbarjungen, zu gewöhnen hatte.

Jeder von uns holte sich seine Spieler auf einem richtigen Transfermarkt, wobei sich die Wahl mehr an den eigenen Sympathien als am Bekanntheitsgrad und der Klasse der Fußballer orientierte. So erinnere ich mich zum Beispiel, dass der Starstürmer meiner Mannschaft in einer Saison der damalige, vor einigen Jahren leider viel zu früh verstorbene Mittelstürmer von Neapel, Umile, war, der in unserer Meisterschaftsrunde mit Sicherheit sehr viel besser traf als damals in der Serie A.

Nicht ganz leicht für mich war der Übergang von der Grund- zur Mittelschule. Während alle meine Freunde an einer Schule in ihrer Nähe angemeldet wurden, entschieden sich meine Eltern für eine Schule in der Stadtmitte. Und so fühlte ich mich nun ein wenig abgeschnitten von dem, was sie erlebten und bewegte. Andererseits hatte ich dadurch die Möglichkeit, Gleichaltrige aus anderen Stadtteilen kennen zu lernen, was sich auf lange Sicht sehr bezahlt machte.

Nie vergessen werde ich auch die leckeren Pizzastücke der Pizzeria Altero in der Via Ugo Bassi, die auch heute noch zu den besten und bekanntesten ganz Bolognas zählen. Nicht selten holte ich mir ein Stück, bevor ich zur Schule ging, dann noch eins in der Frühstückspause und das dritte auf dem Heimweg.

Dann die Zeit auf dem Naturwissenschaftlichen Gymnasium, einer der legendären Lehranstalten Bolognas, dem Liceo Righi. Größere Probleme gab's nicht, ich wurde immer versetzt, nur in der elften Klasse musste ich zur Nachprüfung wegen einer Fünf im Aufsatz.

Die Lehrerin, eine Berühmtheit an der Schule, hatte ziemlich extreme politische Vorstellungen, die dem Linksradikalismus sehr nahe kamen, während meine Überzeugungen dem geradezu entgegengesetzt waren. Ich erinnere mich noch an ihren Kommentar zu meiner

Erörterung, die ich zum Thema »Wie lässt sich das Problem der Kriminalität lösen« geschrieben hatte: »… Sehnsucht nach Rohrstock und Rizinusöl …« Note: mangelhaft.

Da wurde mir endgültig klar, dass es besser sein würde, in Zukunft literarische Themen zu wählen, die uns auch angeboten wurden. Leider war für jenes Schuljahr das Kind aber bereits in den Brunnen gefallen, und so hatte ich den Sommer damit zuzubringen, italienische Literatur zu pauken und Erörterungen zu üben.

Das Lernen war auf dem Gymnasium nicht mein Hauptgedanke. Viel amüsanter war es, während der Unterrichtsstunden – bei den Lehrern, die einen gewähren ließen – auf dem Gang zusammenzustehen und ein Schwätzchen zu halten. Samstagmorgens gab es dann das Ritual der Direktübertragungen vom Ski-Weltcup, mit einem tragbaren Fernseher, den einer meiner Kameraden mitbrachte, im Raum einer Klasse, die zum Sportunterricht in der Turnhalle war.

Unter dem Motto »maximaler Ertrag bei minimalem Aufwand« erreichte ich die Zulassung zum Abitur, in dem ich dann, zur allgemeinen Überraschung, vor allem meiner Eltern, achtundvierzig von sechzig erreichbaren Punkten schaffte und damit klar über den Erwartungen lag.

Und eine Jugend im Zeichen … des Feuers

Die Immatrikulation an der Uni war mit einem großen Fragezeichen versehen: Den ganzen Sommer, oder sagen wir, den halben, zerbrach ich mir den Kopf darüber, in welchem Fachbereich ich mich einschreiben sollte. Bis zum letzten Moment war ich hin- und hergerissen zwischen Betriebswirtschaft und Jura. Beide Fächer faszinierten mich, sowohl wegen des Studiums an sich als auch der beruflichen Perspektiven wegen, und erst am letzten Tag vor der Einschreibungsfrist entschied ich mich für Betriebswirtschaft. Wer weiß, stände ich heute noch mal vor der Entscheidung, würde ich vielleicht Jura studieren. Was ich genau genommen sogar gemacht habe. Und zwar nach dem Examen, als ich mich für dieses Fach einschrieb, in dem ich, da man mir eine Reihe von Prüfungen anerkannt hätte, in relativ kurzer Zeit einen zweiten Abschluss hätte machen können. Doch damals hatte ich schon eine Stelle gefunden und merkte bald, wie wenig verlockend es war, die Abende wieder mit Lernen zu verbringen.

Die fünf Jahre Universität – fünf, weil ich in der Zwischenzeit noch den Wehrdienst abgeleistet hatte – gingen mit einem Examen mit 110, also der Höchstnote und *summa cum laude,* zu Ende.

Es waren aufregende, amüsante Jahre, in denen jene Freundschaften entstanden, die auch heute noch Bestand haben.

Die Tage an der Uni gingen mit Vorlesungen im Hörsaal und dem Büffeln in der Fachbereichsbibliothek in der Via Belle Arti vorüber. Wobei Büffeln vielleicht etwas zu viel gesagt ist, nicht zuletzt, weil wir bald mehr Zeit mit Videospielen in der kleinen Bar gegenüber oder im Gespräch miteinander verbrachten. Schließlich fanden wir eine Art Kompromiss: Die Bibliothek war auf drei Stockwerken untergebracht, und so kam man überein, dass man in den ersten oder zweiten Stock ging, wenn man wirklich lernen musste, während der dritte Stock zu einer Art Aufenthaltsraum wurde, den die Leute mehr zum Schwätzen als zum Studieren aufsuchten.

Wie erwähnt, beschloss ich zwischendurch – da war ich zwanzig –, meinen Wehrdienst abzuleisten, und entschied mich für die Feuerwehr, nicht weil mich deren Arbeit besonders interessierte, sondern weil ich dadurch in Bologna bleiben konnte. Ich will nicht verschweigen, dass dazu Beziehungen notwendig waren, denn anders wäre ich dort wohl nicht hineingekommen. Nach zwei Monaten Grundausbildung in Rom wurde ich zum Provinzkommando von Bologna versetzt, wo ich fortan der Schreibstube des Kommandanten angehörte. Ein angesehener, sehr begehrter Posten, bei dem man von »abenteuerlichen« Einsätzen mit Löschfahrzeugen, Krankenwagen und heulenden Sirenen weitgehend verschont blieb …

Irgendwann bekam ich Probleme mit einem Knie, wurde am Meniskus operiert und für längere Zeit krankgeschrieben, eine Krankschreibung, die bis zum Ende meiner … Wehrdienstzeit dauern sollte. Doch meine Leidenschaft für den Fußball, speziell zum Schiedsrichtern, machte mir einen Strich durch die Rechnung. Als meine Genesung schon weit fortgeschritten war und ich das Training schon wieder aufgenommen hatte, hielt ich den Moment für gekommen, auch wieder als Schiri tätig zu werden, ohne einen Gedanken daran zu verschwenden, welchen Ärger mir das einbringen könnte. Und ein unglücklicher Zufall wollte es nun, dass ein Bericht über ein Spiel, das ich gepfiffen hatte, einem Berufsfeuerwehrmann meiner Dienststelle unter die Augen kam. Der überlegte nicht lange und zeigte ihn meinem Kommandanten, der, um es vorsichtig zu umschreiben, die Sache nicht wohlwollend aufnahm. Und so erreichte mich kurz darauf zu Hause ein Telegramm, in dem ich aufgefordert wurde, zu einer medizinischen Untersuchung zu erscheinen, und zwar nicht im Militärkrankenhaus meines

Wehrbezirks, wo man mich auch krankgeschrieben hatte, sondern beim Vertrauensarzt der Feuerwehr. Resultat: Die Krankschreibung wurde aufgehoben, und ich bekam einen anderen Posten, das heißt, ich wechselte von der Schreibstube in die Küche über. So wurde ich Fachmann im Kartoffelschälen und »verdiente« mir einen Platz in der ersten Einsatzgruppe, jener also, die bei jedwedem Notruf als Erste ausrücken muss. Zum Glück waren es nur noch ein paar Monate bis zu meinem Abschied, aber ich holte im Übermaß all das auf, was ich während der Zeit der Rekonvaleszenz versäumt hatte.

Den Ball im Kopf

Der Fußball war immer ein fester Punkt in meinem Leben. Nach den unzähligen Spielen auf dem Bolzplatz während meiner Grundschuljahre begann ich irgendwann in der Mannschaft der Gemeinde Orione zu spielen. Oder genauer gesagt, ich begann die Bank zu drücken, denn meine Einsätze waren selten, und die Enttäuschung, weil ich fast nie reinkam, wog schwer. Als ich etwa vierzehn war, bekam ich aber Gelegenheit zu einer zumindest kleinen Revanche. Zusammen mit einigen anderen Mannschaftskameraden absolvierte ich ein Probetraining bei einem anderen Verein, und nach dem Spiel bekam ich mit, wie ein Junge, der schon dort spielte, zu einem anderen sagte: »Vielleicht haben wir heute endlich unseren Libero gefunden.« Ich war glücklich, und zwei Jahre lang war ich der etatmäßige Libero von Pallavicini, einem Traditionsverein Bolognas, der sich seit langem besonders in der Jugendarbeit hervortut.

Dann, nach dem letzten Jahr in der B-Jugend, die schicksalhafte Frage meines Klassenkameraden: »Du, es gibt da einen Schiedsrichterlehrgang. Warum melden wir uns nicht an?« Und damit begann eine andere Geschichte …

Zuerst Fan, dann Schiedsrichter

Wie fast alle italienischen Jungen habe ich nicht nur selbst Fußball gespielt, sondern ihn immer auch von den Stadionrängen aus erlebt. Eine Dauerkarte für die Lieblingsmannschaft war das begehrteste Geschenk des Jahres, und meine erste für die Mannschaft von Bologna erhielt ich, als ich wohl so zehn Jahre alt war. Ich ging mit einem Jungen meines Alters und dessen Vater ins Stadion. Damals war die Atmosphäre noch ganz anders als heute, die Stimmung, die Gesänge, das ganze Spektakel war Lichtjahre von dem, was man heute kennt, entfernt.

Doch häufiger noch als beim Fußball war ich bei Basketballspielen zu finden, eine Sportart, die in Bologna besonders intensiv gelebt wird, weil hier gleich zwei Spitzenmannschaften zu Hause sind.

Anders als die überwältigende Mehrheit meiner Freunde, die alle für den reichen, titelbeladenen Verein Virtus Bologna schwärmten, schlug ich mich auf die Seite von Fortitudo, damals so etwas wie der ärmere Bruder, eine Fahrstuhlmannschaft, bei der es ständig zwischen erster und zweiter Liga auf und ab ging. Während die anderen Meisterschaften und Pokale einheimsten, war unsere einzige Chance das Stadtderby. Da konnten wir ihnen zeigen, dass wir auch wer waren …

Basketball, meine erste Liebe

Man muss schon in Bologna gelebt haben, um zu verstehen, was diese Basketball-Rivalität für die Stadt bedeutet, so wie auch nur ein echter Sieneser um das Wesen und die wahre Bedeutung des Palio weiß. Für Leute von außerhalb mag er eine große Show sein, doch nur wenn man ihn im Alltag erlebt, kann man ihn in allen Aspekten genießen.

Mit Basketball verbinden mich unzählige Erinnerungen an viele, viele Spieler, die für mich zu Legenden wurden … der berühmte »Baron« Gary Schull zum Beispiel, Marcellous Starks, der Riese aus Ebenholz, und natürlich Carlton Myers, der heute noch einer der besten italienischen Spieler ist. Und dann die Erinnerungen an viele Spiele, die nicht auszuhaltende Spannung, die sie eher zu einer Qual als zu einem Vergnügen machte, und die Trauer nach schweren Niederlagen, vor allem jener in Genua damals, im Finale des Korac-Pokals, dem ersten europäischen Endspiel, das Fortitudo überhaupt erreichte. Gegen eine Mannschaft, Yugoplastika Split, die durchaus zu schlagen gewesen wäre, hätte es uns der europäische Verband nicht untersagt, einen unserer besten Spieler, den Italoargentinier Carlos Raffaelli, einzusetzen.

Interessanterweise hat auch meine Frau beim Basketball sogleich Feuer gefangen, während Fußball sie von Anfang an kalt ließ. Eine Zeit lang »missbrauchte« ich sie sogar als Glücksbringer bei unseren Derbys gegen Virtus: Sie »schaffte« acht Derbysiege von Fortitudo in Folge, was dazu führte, dass mich befreundete Fans und Funktionäre von Fortitudo, an erster Stelle der gewiefte Pressesprecher Fabrizio Pungetti, wenn sie mich zu einem Spiel meiner Mannschaft einluden, immer als Erstes fragten, ob ich sie auch mitbrächte. Und war das nicht der Fall, beschworen sie mich, sie zum Mitkommen zu bewegen.

Um das ganze Ausmaß meiner Leidenschaft für Fortitudo Bologna verständlich zu machen, folgende Anekdote: 1996 war ich eingeladen, in China das erste Länderspiel zwischen den Gastgebern und einer europäischen Mannschaft, England, zu pfeifen. Und für die Tage nach dem Spiel waren einige Gesprächstermine und Begegnungen in Peking vorgesehen … bloß dass am Samstag Fortitudo gegen Stefanel Mailand spielte, das dritte Spiel der Finalserie um die Meisterschaft. Was machte ich also? Ich ließ mir eine Ausrede einfallen und schaffte es auf diese Weise, die Abreise einen Tag vorzuziehen, so dass ich am Samstagnachmittag in Italien eintreffen konnte, wobei ich nicht wie geplant mit Alitalia, sondern mit Air China flog. Ich nutzte eine Zwischenlandung in Mailand, mietete mir ein Auto und legte, was man gar nicht sagen, geschweige denn tun sollte, die Strecke vom Flughafen Malpensa nach Bologna mit Vollgas zurück. All das, um von der ersten Minute an einer Heimniederlage beizuwohnen, die uns schließlich die Meisterschaft kostete.

Der einzige schwache Trost war das anschließende große Festmahl mit Tagliatelle al ragù, Crescentine mit Schinken sowie Squacquerone, einem wunderbaren Weichkäse, Gaumenfreuden, die mir dabei halfen, die Niederlage und vor allem sechs Tage chinesische Küche zu vergessen.

Ja, je mehr Erinnerungen an Basketballspiele ich mir ins Gedächtnis rufe, desto deutlicher wird mir, wie sehr mich dieser Sport, ich will nicht sagen, um den Verstand bringt, aber ganz tief innerlich berührt. Ich erinnere mich da an ein Spiel zwischen Pallacanestro Pistoia und Fortitudo Bologna, zu dem der Inhaber von Madigan,

Sponsor des toskanischen Clubs, meine Frau und mich eingeladen hatte. Man hatte uns Plätze zwischen diesem und dem Clubpräsidenten reserviert, und bis zum ersten Sprungball verlief die Unterhaltung zwischen uns auch noch ganz gefällig. Leider entwickelte sich das Spiel jedoch nach einem guten Start zum Leidensweg für mein Bologneser Team, und es setzte eine herbe Niederlage, an der es nichts zu deuteln gab. Ich wurde immer einsilbiger und verstummte schließlich ganz. Zum Glück begriff meine Frau, was in mir vorging, und gab sich alle Mühe, die Fäden der Konversation nicht reißen zu lassen, damit wenigstens die Form gewahrt blieb.

Dennoch bringt mich meine Basketball-Leidenschaft niemals dazu, mich gegenüber den Unparteiischen gehen zu lassen. Ich bin und bleibe Schiedsrichter, immer darauf bedacht, die Arbeit und die Rolle eines jeden zu verstehen, der eine Pfeife im Mund hat und sein Bestes gibt, um den Regeln Geltung zu verschaffen.

Das versuche ich zumindest, auch wenn ich mir dazu manchmal auf die Zunge beißen muss. Denn es ist ja normal, dass einem Fan schon mal ein Wort zu viel herauszurutschen droht.

Meine Familie

Meine Frau habe ich 1988 an der Versilia kennen gelernt. Wir haben uns ineinander verliebt und sind schon bald zusammengezogen. Zunächst wohnten wir einige Jahre in Bologna, um dann, nach einem furchtbar strengen Winter und heftigstem Schneetreiben, an einem 19. April den Entschluss zu fassen, mehr von ihr als von mir betrieben, nach Viareggio an die toskanische Küste umzuziehen. Eine sehr weise Entscheidung, denn heute möchte ich nirgendwo anders mehr leben, jedenfalls an keinem Ort, wo ich aufs Meer verzichten müsste.

Überhaupt keine Frage, meine Frau Gianna und meine Töchter Francesca Romana und Carolina sind das Wichtigste in meinem Leben, auch wenn sich das so vielleicht wie eine übliche Floskel anhört.

Ich glaube, was ein Mann im Leben erreicht, welche Erfolge er erzielen kann, hängt zu einem großen Teil von seiner Familie ab. Das familiäre Umfeld, die Unterstützung der Menschen, die einem immer am nächsten stehen, kann einem niemand ersetzen. Jede wichtige Entscheidung treffe ich gemeinsam mit meiner Frau, und bei allem, was ich mache, ist sie voll eingebunden. Und ich muss sagen, dass ich wirklich Glück habe: Ich habe eine phantastische Familie, auf die ich sehr stolz bin. Und Glück hatte ich auch schon mit meiner Herkunftsfamilie, zu der ich weiterhin sehr engen Kontakt halte, was so weit ging, dass mein Vater und meine Mutter uns folgten, als wir nach Viareggio zogen. Die beiden haben mich gelehrt, bestimmte Werte hochzuhalten und bestimmten Dingen die richtige Bedeutung beizumessen. Und dafür bin ich ihnen unendlich dankbar.

Die Zusammensetzung meiner Familie ist etwas ungewöhnlich, in dem Sinne, dass das weibliche Element in ihr eindeutig überwiegt. Ein Umstand, dem ich vergeblich etwas entgegenzusetzen versuchte, indem ich Wallace, einen Westie-Hund eindeutig männlichen Geschlechts, in die Familie aufnahm …

Aber ich kann's nur wiederholen, ich bin sehr, sehr glücklich mit meinen Frauen. Zugegeben, ich hätte mich auch sehr über einen männlichen Nachkommen gefreut, doch heute bin ich mir sicher, dass ich es nicht besser hätte treffen können: Zwei Töchter zu haben ist phantastisch, einzigartig, mit ihnen erlebe ich viele Momente einer wunderschönen, tiefen Verbundenheit.

Und darüber hinaus hilft mir die Tatsache, von »Frauen« umgeben zu sein, die mit Fußball nicht viel anfangen können, auch bei meiner Tätigkeit als Schiedsrichter. Denn so kann ich noch besser abschalten vom Umfeld und dem Thema Fußball, wenn ich merke, dass ich das brauche. Francesca und Carolina werden mir in meiner sportlichen Laufbahn sicher nicht nacheifern, was bei einem Jungen vielleicht anders gewesen wäre und zu Problemen hätte führen können. Ich bin der Überzeugung, dass Kinder unbedingt über ihre Zukunft selbst entscheiden sollten, aber zweifellos hätte sich ein Sohn, der in meine Fußstapfen tritt, ständig an meinem Vorbild gerieben. Ein Grund mehr, glücklich zu sein, zwei Töchter zu haben.

Freizeit

Angesichts der Bedeutung, die meine Familie für mich hat, versuche ich natürlich, wenn es irgend geht, so viel Zeit wie möglich mit meiner Frau und meinen Töchtern zu verbringen. Wenn man mich fragt, was ich in meiner Freizeit mache, denke ich natürlicherweise immer zuerst an sie. Meine Frauen sind mein Hobby, ihnen widme ich alle Kräfte, die mir meine Schiedsrichtertätigkeit lässt. Zudem haben meine Frau und ich das Glück, die Zeit, die uns unsere Berufe lassen, gut in Einklang bringen zu können. Sie betreibt einen Laden an der Strandpromenade von Viareggio, und da sind der Samstag und der

Sonntag die wichtigsten Tage für sie. Ihr üblicher Ruhetag ist der Montag, und so versuche auch ich, dessen sportliche Aktivität sich auf den Samstag und den Sonntag konzentriert, immer, mir den Montag freizuhalten. Auf diese Weise können wir einen ganzen Tag zusammen verbringen. Am besten ist es, wenn ich samstags zu pfeifen habe. Dann kann ich den ganzen Sonntag mit den Mädchen und den Montag mit meiner Frau verleben.

Zwar habe ich keine besonderen Hobbys, dafür aber viele Interessen: Lesen vor allem. Ein gutes Buch ist sehr hilfreich, wenn es gilt, die freien Stunden vor einem Spiel auszufüllen, besonders dann, wenn ich irgendwo in Italien oder der Welt unterwegs bin und es zwangsläufig viel Leerlauf gibt.

Zum Fernsehen habe ich ein gutes Verhältnis, will heißen, dass es mir nicht missfällt, meine Zeit vor dem Bildschirm zu verbringen. Wie vielleicht nicht anders zu erwarten, sehe ich am liebsten Sport, Fußball, aber auch viel Basketball, Leichtathletik, Radfahren … Und dann Filme jedes Genres, mit einer besonderen Schwäche für Krimis und Komödien.

Mit der Musik verbindet mich weniger als mit der Literatur: Ich höre sie, sie begleitet mich, sie vertreibt mir vor allem beim Autofahren die Zeit, bleibt also im Hintergrund, während ich mit etwas anderem beschäftigt bin. Kurzum, ich bin ein »passiver« Musikkonsument. In der Stimmung des Augenblicks springe ich bedenkenlos von Ramazotti zu Queen, von Opern zu Eminem über. Ganz anders als meine Frau, die mich, wenn sie im Wagen neben mir sitzt, mit anspruchvollerer, das heißt weniger eingängiger Musik betäubt, häufig Hard Rock, zu dem sie auch schon unsere jüngere Tochter, einen eingefleischten Aerosmith-Fan, bekehrt hat. Eine super Gruppe, nur dass das Mädchen erst acht Jahre alt ist …

Mit Musik ist allerdings eine der schönsten Erinnerungen meines Lebens verbunden, eine glanzvolle *Aida*-Aufführung in der Arena von Verona. Zwei Tage zuvor hatte ich Gianna kennen gelernt, und … na ja, vielleicht erinnere mich da mehr an sie als an *Aida*.

Reisen zählt auch zu den Dingen, die ich gerne mache, oder genauer, die ich gern machen würde. Hiermit meine ich selbstverständlich nicht meine beruflichen Reisen, denn die Tausende von Kilometern, die ich jedes Jahr im Auto oder im Flugzeug zurücklege, sind kein Vergnügen für mich.

Spaß machen würde es mir, mit meiner Familie zu verreisen, doch angesichts der übervollen Terminkalender, an die meine Frau und ich gebunden sind, ist das recht kompliziert. Mit meinen Verpflichtungen im Fußball, in der Schule bei den Mädchen und dem Laden bei meiner Frau fällt es uns schwer, Zeit für eine schöne Reise rauszuschlagen. Ich hoffe aber, dass die kürzlich eingeführte dreiwöchige Winterpause in der italienischen Meisterschaft auch in Zukunft beibehalten wird. Dann können wir uns ein paar zusätzliche Urlaubstage gönnen, am liebsten im Warmen, am Meer, denn ich hasse die Kälte, und ein Skiurlaub wäre eine Qual für mich. In diesem Fall wäre eine der ersten Adressen wieder Playa de las Americas auf den Kanarischen Inseln, wo die Mutter meiner Frau lebt und es auch an Weihnachten sonnig und angenehm warm ist.

Ansonsten bleibt uns leider wirklich wenig Zeit, etwas gemeinsam zu unternehmen. Man stelle sich vor: Im letzten Sommer haben wir es nach der WM gerade mal geschafft, uns Zeit für einen sage und schreibe viertägigen Urlaub in Favignana abzuknapsen.

Trotz phantasievollster Reisepläne muss ich zugeben, dass meine Art, Urlaub zu machen, extrem geregelt ist.

Ich gehöre nicht zu den Leuten, die sagen: »Lasst uns einfach losfahren, dann sehen wir schon, was kommt.« Ich mag es, wenn alles geplant, bis ins Detail durchorganisiert ist und nichts dem Zufall überlassen bleibt. Für mich wäre es ein Alptraum, irgendwo anzukommen und nicht zu wissen, wo wir schlafen sollen. Das würde mir den ganzen Urlaub verderben. Im Urlaub will ich mich vollkommen entspannen können, auch wenn ich mich dazu in einem Feriencamp einigele, das ich dann eine Woche oder zehn Tage lang nicht verlasse. Die Sonne, ein Buch und ein paar Zeitschriften – und ich bin der glücklichste Mensch der Welt.

Der andere Beruf

Bei meinem großen Engagement als Schiedsrichter ist es nicht immer leicht, diese Tätigkeit mit meinem zweiten Beruf als Finanzberater in Einklang zu bringen. Ich habe das Glück – allerdings ein selbst geschaffenes Glück, weil ich mich so entschieden habe –, freiberuflich tätig zu sein, also nicht zu festen Arbeitszeiten und Anwesenheit am Arbeitsplatz verpflichtet zu sein. Obwohl man, wenn man weiterkommen will, auch hier schon ein wenig Zeit investieren muss.

Seitdem ich diese Prioritäten gesetzt habe, hat sich meine berufliche Situation sehr verändert, in dem Sinne, dass die Zeit, die ich fürs Schiedsrichtern aufbringen konnte, früher doch eindeutig knapper bemessen war. Auch damals war es bereits eine aufwändige Sache, aber nicht in dem Maße wie heute. Und was mir früher noch leicht fiel, nämlich Zeit für mein zweites berufliches

Standbein zu erübrigen, wird heute immer komplizierter für mich.

Manchmal bekomme ich mit, wie Leute über die Tatsache lästern, dass so viele Schiedsrichter als Finanzberater oder Versicherungsmakler tätig sind. Der Grund dafür ist aber sehr einfach und hängt damit zusammen, dass man sich gerade in diesen Berufen die Zeit frei einteilen kann, ohne irgendjemandem Rechenschaft schuldig zu sein.

Glücklicherweise ermöglicht es heutzutage modernste Technologie, zu jeder Zeit und an jedem Ort Informationen zu erhalten: Fernsehkanäle wie Bloomberg oder CNBC, die ganz auf Wirtschaft und Finanzen zugeschnitten sind, lassen sich auf der ganzen Welt empfangen, das Internet sorgt dafür, dass man die Situation jederzeit unter Kontrolle hat, Handys machen einen überall erreichbar, und so ist es, anders als früher, nicht mehr unverzichtbar, beim Kunden auch persönlich anwesend zu sein. Und dennoch: Ich habe Probleme, meinen Beruf optimal auszuüben. Sollte der Trend in die Richtung immer höherer Anforderungen an Fußballschiedsrichter weitergehen, wird die Zeit, die ich für meine Tätigkeit als Finanzberater übrig habe, notgedrungen noch weiter zurückgehen.

Die Zeit ist kein Gummiband, das sich endlos in die Länge ziehen lässt: Zeit hat ihren eigenen Wert, ihre eigene Dimension, und ich bin, wie gesagt, nicht bereit, allzu viel der Zeit zu opfern, die ich auch mit meiner Familie zusammen sein kann.

Ich möchte nicht, dass am Ende meine Frau und meine Töchter die Leidtragenden sind. Vor die Wahl zwischen zwei Berufen gestellt, weiß ich schon, wie ich mich entscheiden würde: für den Fußball.

VII MEINE CHAMPIONS

Häufig werde ich gefragt, welche Spieler für mich die größten waren oder immer noch sind. Deswegen möchte ich hier ein wenig über meine »Champions«, wie ich sie nenne, reden. Ausgesucht habe ich sie nicht nur nach ihrem Können, ihren technischen Fertigkeiten, ihrer Klasse. Denn zum einen halte ich mich nicht für sonderlich geeignet, um eine solche Art Rangliste zu erstellen, zum anderen würde das ganze Buch hier vielleicht nicht reichen, um allen Spielern gerecht zu werden, die sich durch ihre großen Leistungen eine Erwähnung verdient hätten.

So gründet sich meine Auswahl auch darauf, was diese großen Spieler für mich bedeutet haben, auf Episoden, die vielleicht etwas ungewöhnlich sind und ein wenig aus der Norm fallen.

Beginnen möchte ich mit einem Menschen, der kein großer Star war, mir persönlich aber viel bedeutet hat.

Meine »Nummer 10« ist ein Freund, der in meinen Unijahren in Bologna wie ein Bruder für mich war. Damals hatten wir mit ein paar Freunden, alles Fußballverrückte, eine eigene Mannschaft zusammengestellt, die Freundschaftsspiele gegen andere Teams austrug, wobei hier »Freundschaft« nicht allzu wörtlich zu nehmen ist, denn es ging immer richtig zur Sache. Gegen manche Gegner spielten wir immer wieder, was die Rivalität noch verstärkte und eine Niederlage umso schmerzlicher machte. Entsprechend war der Einsatz. Üblicherweise spielten wir samstagnachmittags auf einem Platz, der in Bologna unter dem Namen *Piccolo Paradiso* (kleines Paradies), von Pontecchio Marconi, ziemlich bekannt ist. Diese Spiele waren dermaßen wichtig, dass ich mich nicht selten erst danach ins Auto setzte und in irgendeine italienische Stadt fuhr, wo ich am Sonntagnachmittag ein Spiel zu pfeifen hatte. Natürlich ohne ein Wort darüber zu verlieren, denn wenn die zuständigen Leute im Verband – es war die Meisterschaft der höchsten Amateurklasse – davon erfahren hätten, hätte es sicher Ärger gegeben. Doch wir hatten solch einen Spaß mit unserer Mannschaft, dass ich das Risiko gerne einging.

Und die Nummer 10 der »Cariocas«, wie unser Team hieß, obwohl wir merkwürdigerweise nicht brasilianische, sondern eher argentinische Farben trugen, war Luca Borghi. Er war einer meiner besten Freunde und ist leider wegen einer Krebserkrankung viel zu früh von uns gegangen. Wie viel ihm Fußball und auch Basketball bedeuteten – eine weitere Leidenschaft, die uns verband –, wird aus der Tatsache ersichtlich, dass er nach der ersten Operation, bei der ihm ein Bein unter dem Knie amputiert wurde, und als er so weit genesen war und sich an seine Prothese gewöhnt hatte, sogar wieder mit dem Fußball begann, eben weil er den Sport so unglaublich liebte.

Burger, so sein Spitzname, war ein technisch sehr versierter Mittelfeldspieler, vielleicht ein wenig langsam und zaghaft, aber auf alle Fälle der Dreh- und Angelpunkt unseres Offensivspiels. In jener Zeit habe ich unglaublich viel mit ihm erlebt, nicht selten allerdings auch, dass er mich auf den Arm nahm. Denn ähnlich wie meine anderen Freunde konnte auch er meine Leidenschaft für das Pfeifen nicht verstehen, die es mit sich brachte, dass ich ganze Wochenenden allein in einer fremden Stadt zubrachte, anstatt etwas zusammen mit ihnen zu unternehmen. Einmal musste er sogar den Start in den Sommerurlaub hinausschieben und bis zwei Uhr nachts auf mich warten, weil ich noch ein Spiel zu leiten hatte, das Endspiel eines Sommerturniers in einem Örtchen bei Bologna. An jenem Tag wollten wir nämlich eigentlich gemeinsam in Urlaub fahren, doch als ich für das Endspiel angesetzt wurde, konnte ich einfach nicht nein sagen. Er erklärte sich schließlich einverstanden, später loszufahren, und so machten wir uns nach dem Endspiel auf den Weg nach Spanien, wo die italienische Nationalmannschaft, gerade zum dritten Mal, Weltmeister geworden war. Unser Ziel waren die Vergnügungsstrände der Costa Brava, und da Barcelona nicht weit von dort entfernt liegt, konnten wir nicht umhin, dem Sarrià-Stadion, wo Italien Argentinien 2:1 geschlagen hatte, einen Besuch abzustatten. Es war geschlossen, und so überkletterten wir ein Tor, betraten das Spielfeld und sicherten uns ein Stück Rasen, das wir wie eine Reliquie nach Hause überführten.

Und es gab noch eine weitere Sache, die uns beide verband, und zwar eine körperliche Ähnlichkeit: 1984 hatte er sich schon einer Chemotherapie zu unterziehen, weswegen er vollkommen kahl war, und als ich dann um die Weihnachtszeit den so genannten »plötzlichen Haarausfall« bekam und rasch meine Haare verlor, rasierte ich mir aus Solidarität, zusammen mit einem anderen Freund namens Luca Castelli, auch noch den Rest, der mir verblieben war. Meinem schwer kranken Freund zu ähneln erleichterte es mir sehr, mit meinem Haarausfall zurechtzukommen. Damals war es noch nicht modern, sich den Schädel zu rasieren, und das Gefühl, uns ähnlich zu sein, gab uns beiden eine Menge Kraft. Ich spreche von »uns«, auch wenn die Unterstützung, die ich ihm geben konnte, sehr gering war. Er hätte so viel mehr gebraucht …

Dennoch würde ich mich sehr glücklich schätzen, wenn er sich heute, dort oben auf einer Wolke oder irgendeinem Stern am Himmel, die Frage beantworten könnte, die er mir damals so oft gestellt hat: »Sag mal, warum machst du das eigentlich?« Und eine meiner Gesten im Anschluss an die Auszeichnung nach dem Finale in Yokohama war ein Gruß an ihn, denn ich bin sicher, auch dort oben hat er sich das Spiel nicht entgehen lassen.

Mein erster Champion war ein Idol meiner Kindheit, und so habe ich ihn auch nicht gepfiffen, sondern als Fußballbildchen gesammelt. Wie erwähnt, spielte ich als Junge ja selbst Fußball, und da meine Position Libero war, war Pino Wilson das Nonplusultra für mich, der Kapitän von Lazio Rom, als das Team in der Saison 1973/74 mit Maestrelli, Chinaglia und vielen anderen Stars die Meisterschaft gewann. Wilson war ein außergewöhnlicher Spieler, sowohl auf dem Platz als auch außerhalb, ein Mann, der sich immer Respekt zu verschaffen wusste und der niemals aufgab. Obwohl keine ausgesprochen stattliche Erscheinung, gelang es ihm, mit seinem perfekten Timing seine Rolle so gut wie nur wenige andere auszufüllen. Und abseits des Platzes war er eine Persönlichkeit. Ich weiß noch, wie er einmal bei einem Fernsehinterview eine gelbe Ray-Ban-Sonnenbrille zur Schau trug, was für mich als kleinen Jungen damals das Höchste war.

Um bei den Champions zu bleiben, von denen ich nie ein Spiel geleitet habe, ein weiterer ganz Großer, der Größte, Diego Armando Maradona. Als ich in der Saison 1991/92 in der Serie A zu pfeifen begann, hatte er wenige Monate zuvor Italien verlassen. Es ist wirklich schade, dass wir uns nie auf dem Spielfeld begegnet sind, aber jeder, der den Fußball liebt, jeder, der mal ein Spiel von ihm gesehen hat, wird ihm ohne Wenn und Aber die Auszeichnung »Bester Spieler aller Zeiten« zugestehen.

Wen ich hingegen viele Male zu pfeifen hatte und den ich nicht nur als großen Champion auf dem Platz, sondern auch als beeindruckenden Menschen kennen lernte, ist Roberto Baggio. Wahrscheinlich hat kein anderer das, was er im Fußball erreicht hat, so sehr verdient wie er. Zum ganz Großen machte ihn nicht nur sein immenses fußballerisches Talent, sondern – es mag sich paradox anhören – seine besondere Leidensfähigkeit, also seine Kraft, immer wieder auch mit schwersten Verletzungen fertig zu werden. Betrachtet man sich seine Knie, sieht man die Narben der vielen Operationen, die alle schon frühzeitig seine Karriere hätten beenden können. Stattdessen ist er immer noch dabei und verzaubert die Massen. Er hat es immer wieder geschafft, sich neu aufzuraffen und wieder bei null anzufangen, in Situationen, da es sehr viel einfacher gewesen wäre, basta, es reicht, zu sagen, zumal er schon alles oder fast alles erreicht hatte. Und diese Fähigkeit, sich durchzubeißen, hat ihm viele Sympathien eingetragen, die Liebe der Menschen, die ihn zu einem Champion über alle Vereinsgrenzen hinweg macht, von allen geliebt, unabhängig davon, welche Trikotfarbe er trägt.

Ein weiterer Großer, ein Denkmal des Weltfußballs, war Franco Baresi. Mit ihm verbinde ich die Erinnerung an einen etwas ungewöhnlichen Nachmittag in Rom. Saison 1993/94, fünfter Spieltag der Rückrunde, AS Rom gegen AC Mailand im Olympiastadion, eine der ersten Traditionsbegegnungen, die ich leiten durfte … und Baresi war eben Baresi.

Anpfiff, und schon nach drei Minuten ein Pass durch die Abwehr der Mailänder, die sehr weit vorgezogen, fast an der Mittellinie auf Abseits spielen, ein römischer Spieler erreicht ihn und rennt mit dem Ball am Fuß allein, ohne weitere Gegenspieler vor sich zu haben, auf den Torwart der Rot-Schwarzen zu. Für mich ist die Situation klar: eindeutige Torchance. Da setzt Baresi von hinten nach und packt den römischen Angreifer am Trikot, nicht brutal, aber fest genug, so dass der seinen Lauf aufs Tor zu nicht fortsetzen kann, und ich pfeife Foul.

Resultat: rote Karte, Baresi geht in der dritten Minute der ersten Halbzeit vom Platz.

Wenn ich in den Tagen danach an die Situation zurückdachte, war mir, wie ich ehrlich gestehen muss, als hätte ich es ihm gegenüber irgendwie an Respekt fehlen lassen. Schließlich hatte ich ihn vom Feld geschickt, ohne dass er auch nur einmal den Ball richtig spielen konnte. Aber für einen Schiedsrichter darf die Trikotfarbe keine Rolle spielen, und auch nicht der Name, der darauf steht. Ein Schiedsrichter muss »farbenblind« sein und partiell sein Gedächtnis ausschalten, das heißt, er darf die Spieler auf dem Platz nicht kennen, und ein großer Star darf ihm nicht mehr bedeuten als der allerjüngste Debütant.

In der Reihe der Champions unserer Tage hat auch Raul Gonzales Blanco seinen Platz sicher, besser bekannt unter dem einfachen Namen Raul. Ich habe viele Spiele von ihm gepfiffen, sowohl bei Real Madrid als auch in der spanischen Nationalmannschaft, aber die Episode, von der ich hier erzählen will, trug sich außerhalb des Platzes zu. Im Frühsommer des Jahres 2002 waren wir beide an die Sportuniversität von Madrid eingeladen, um der Präsentation von »Footbalitis«, einer weltweiten Werbekampagne von Adidas, beizuwohnen, zu deren Hauptakteuren neben solchen Stars wie Zidane, Rui Costa, Del Piero oder Beckham eben auch Raul und ich zählten. Wir trafen uns in einem Flur und begrüßten uns im Beisein vieler Leute, unter ihnen auch zahlreiche Journalisten und Fotografen. Händeschütteln und dann, von ihm ausgehend, eine Umarmung mit einem Kuss auf die Wange, eine typisch »romanische« Geste, die über eine bloß förmliche Begrüßung hinausgeht und die aufrechte Freude bekundet, einen Menschen wiederzusehen, den man schätzt und dem man Respekt und Sympathie entgegenbringt. Es war eine Geste, der ich mich nicht entziehen mochte und die ich im Gegenteil gern erwiderte. Natürlich ließen sich die Fotografen diese Szene nicht entgehen. Und als ich dann einige Wochen später für das Halbfinalspiel in der Champions League zwischen Real und Barcelona angesetzt war, hatte eine spanische Zeitung im Vorfeld nichts Besseres zu tun, als dieses Foto zu veröffentlichen. In dem Versuch, auf den »Skandal« meiner Freundschaft mit Madrider Spielern hinzuweisen.

Ich verkneife mir einen Kommentar zu der Art und Weise, wie man hier versuchte, diese Szene auszuschlachten. Betonen möchte ich aber noch einmal, dass diese Geste meiner Überzeugung nach eigentlich zeigt, wie das Verhältnis zwischen Schiedsrichtern und Spielern, abseits der Rollen, die jeder einnimmt, sein könnte und sollte, vor allem, wenn man sich schon viele Jahre kennt.

Lange Zeit war Fußball eine reine Männersportart, doch gerade in letzter Zeit hat sich der Frauenfußball eine beachtliche Stellung erkämpft, und deshalb halte ich es für angemessen, in meine Stargalerie auch eine Fußballerin aufzunehmen, und zwar die US-Amerikanerin Mia Hamm. Eine Frau mit einem Mann zu verwechseln ist normalerweise nicht gerade galant. Doch wenn es um die technischen Fertigkeiten im Fußball geht, kann das, so glaube ich, doch ein Kompliment sein. Nun, vor einigen Jahren passierte es mir doch tatsächlich, dass ich Mia Hamm für einen Mann hielt. Das war 1996 bei den Olympischen Spielen in Atlanta. Wir, das heißt einige andere Schiedsrichter und ich, waren gerade in Orlando, Florida, einem der Spielorte des Frauenturniers, eingetroffen, und um zum Büro des Organisationskomitees zu gelangen, das die *identification cards* ausgab, also die Ausweise, die zum Betreten der Sportstätten berechtigten, führte der Weg an einem Fußballplatz vorbei, wo zu jenem Zeitpunkt eine Mannschaft trainierte. Einige übten Weitschüsse, und ich weiß noch, dass ich bereits aus einiger Entfernung von der Kraft und Präzision eines Spielers besonders beeindruckt war. Aber die Verblüffung steigerte sich noch, als ich beim Näherkommen feststellte, dass die Mannschaft, die da trainierte, das Frauenteam der USA war, und der Spieler, den ich bewundert hatte, eine Spielerin, Mia Hamm.

Und noch heute frage ich mich, wie ich sie mit einem Mann verwechseln konnte.

Doch einen Spieler gibt es, den ich nur einer ganz persönlichen Vorliebe wegen nennen will, ohne dafür auf besondere Erlebnisse oder Begründungen zurückzugreifen. So wie man eben reagiert, wenn man gefragt wird: »Wer ist dein Lieblingsspieler?«: David Beckham.

VIII ICH UND ...

Ich und ... meine Haare

Für viele Menschen haben die Kopfhaare eine große Bedeutung. Solange man sie hat, schenkt man ihnen große Aufmerksamkeit und macht sie fast zum Ausdruck der eigenen Persönlichkeit, der eigenen Befindlichkeit.

Wenn dann aber die ersten Haare ausfallen, versucht man alles, um den Schaden in Grenzen zu halten, und sucht sein Heil bei Mitteln und Therapien, die oft nur jenen Leuten etwas bringen, die sie verkaufen, weil sich die versprochene Wunderwirkung absolut nicht einstellen will.

Und wenn dann schließlich gar nichts geholfen hat, sieht so manch einer keinen anderen Ausweg mehr als eine Haarverpflanzung oder ein Toupet.

Natürlich kann jeder Mensch frei darüber entscheiden, was ihm gefällt. Aber dennoch freue ich mich darüber, dass immer mehr Leute in letzter Zeit ganz einfach zum Friseur gehen, wenn sich die Halbglatze nicht mehr verstecken lässt, und sich den Schädel ganz rasieren lassen.

Ich halte nämlich einen Kopf »Modell Billardkugel« für sehr viel schöner und interessanter als gewisse Maskeraden, die doch absolut nichts verbergen können.

Wie bereits erwähnt, stellte der Verlust meiner Haare in meinem täglichen Leben kein schweres Problem dar, und ich kann nur betonen, dass ich damit großes Glück hatte.

Ich war vierundzwanzig, als es geschah, also in einem

Alter, als sich mein Charakter und meine Persönlichkeit bereits gefestigt hatten. Ganz anders und sehr viel schwieriger wäre es wohl gewesen, wenn mir das als Kind passiert wäre. Einem Kind lässt sich nur schwer erklären, warum es nicht so wie die anderen ist, und leider ist niemand grausamer als Kinder, wenn es darum geht, auf Unterschieden oder körperlichen Mängeln herumzureiten.

In dieser Situation kann das Beispiel eines Menschen, der auch ohne Haare »erfolgreich« ist, Eltern helfen, deren Kind unter Haarausfall leidet. Ein Kind, das nicht ohne Hütchen auf dem Kopf aus dem Haus will, weil es sich für seinen Kahlkopf schämt, kann an mir sehen, dass absolut nichts dabei ist, keine Haare zu haben, und dass man auch ohne Haare auf dem Kopf vor Millionen von Menschen erhobenen Hauptes auftreten kann.

Viele, viele Eltern, besonders Mütter, erzählen mir in Briefen von den Problemen ihrer Kinder und danken mir für die Hilfe, die sie, indirekt und unbeabsichtigt, von mir erhalten. Nur wer es am eigenen Leib erfahren hat, weiß wirklich, wie sehr schwerer Haarausfall das Leben eines Menschen verändern kann. Für diese Menschen ein fester Bezugspunkt zu sein erfüllt mich mit Freude und entschädigt mich für die vielen Male, da ich »Glatzkopf« genannt wurde.

Viel komplizierter wird es, wenn man diesen Kindern erklären will, warum man sich so leicht über eine Krankheit lustig macht, die weiter verbreitet ist, als man gemeinhin denkt. Da würde es sich vielleicht lohnen, ein wenig nachzudenken und jenes gedankenlose, dumme Gelächter nach einer blöden Bemerkung zu unterlassen und den Mut zu haben, sich zu entschuldigen, wenn man jemandem unbedacht wehgetan hat.

Aber ist ein kahlköpfiger Schiedsrichter überhaupt für seine Aufgabe geeignet? Kann er ganz normal auf den

Platz laufen, oder stellt die Glatze möglicherweise für ihn ein Handicap dar, das sein Aufgabenfeld begrenzt oder ihn gar ganz zum Aufhören zwingt? Die Antwort auf diese Frage liegt heute auf der Hand. Aber 1984, als sich mein Haar für immer von mir verabschiedete, sah das noch anders aus.

Man sah darin wirklich ein Problem und verordnete mir eine Art »Ruhepause«, um zu sehen, ob die Haare mit der Zeit vielleicht nachwachsen würden, und als dann klar war, dass dem nicht so sein würde, beschloss man, einen Test zu machen. Und dieser Test bestand darin, mich ein Spiel in Latina pfeifen zu lassen, wo der Publikumsandrang immer besonders stark war. Die üblicherweise vier- bis fünftausend Zuschauer, eine beachtliche Zahl für die höchste Amateurklasse (*Campionato interregionale*, heute *Nazionale Dilettanti*), sollten der Prüfstein sein.

Offenbar fürchteten einige Leute, mein Aussehen könne für Gelächter sorgen, doch die Reaktion der Zuschauer war völlig normal. Sie waren gekommen, um ein Fußballspiel zu sehen, und das taten sie auch, ohne sich um die Haarlänge des Schiedsrichters zu kümmern.

Und seit damals bin ich, zum Glück, schon unendlich oft im Stadion ohne Shampoo zum Duschen gegangen.

Ich und … Fehler

»*Errare humanum est*«, heißt es in einem lateinischen Sprichwort, und wenn das schon die alten Römer vor zweitausend Jahren wussten, muss an dieser Behauptung ja wohl etwas Wahres dran sein.

Erst einige Jahre hingegen ist es her, dass eine große Persönlichkeit des italienischen Fußballs und darüber hinaus, Giovanni Trapattoni nämlich, nach einem schweren Patzer seines Torhüters erklärte: »Wenn wir den Spielern das Recht absprechen, auch mal einen Fehler zu machen, können wir gleich einpacken und nach Hause gehen.«

Und von den älteren Schiedsrichtern bekam man oft zu hören: »Der beste Schiedsrichter ist der, der am wenigsten Fehler macht.«

Aber ist es überhaupt möglich, ein Spiel fehlerlos zu leiten? Besonders heute, da das Fernsehen in der Lage ist, Dinge zu zeigen, die das menschliche Auge nicht erfassen kann?

Leider ist die Antwort einfach: nein.

Fehler hat es immer gegeben und wird es immer geben. Man braucht nur einmal Zeitungen aus früheren Jahren, auch ganz alte, durchzublättern, um reichlich Wirbel zu vermeintlichen Fehlern von Schiedsrichtern der damaligen Zeit zu finden. Und damals standen lediglich jene Spielsituationen zur Debatte, die mit bloßem Auge und nicht erst mit Hilfe einer Fernsehkamera zu sehen waren. Also ganz klar: Das so genannte »Schiedsrichterproblem« beherrschte die Sportseiten damals genauso wie heute.

Ich persönlich glaube nicht an eine technologische Lösung des Problems mit dem Einsatz des Videobeweises auf dem Spielfeld. Woran ich glaube, ist die Notwendigkeit, sich wirklich optimal vorzubereiten, mit dem Wissen, dass, so wie ein Spieler einen Elfmeter verschießt, auch ein Schiedsrichter mit einer Entscheidung danebenliegen kann, vielleicht indem er diesen Elfmeter gegeben hat.

Umso wichtiger wird es für uns, mit Fehlern umzugehen. Denn manchmal bemerkt der Schiedsrichter bereits auf dem Platz, dass er sich geirrt hat, speziell wenn ihm jemand die Kommentare der Live-Übertragung im Fernsehen zuträgt, die heutzutage auch unmittelbar aufs Spielfeld gelangen.

Und mehr noch gilt das nach dem Spiel, wenn der »Wettkampf« beginnt, wer am eindringlichsten erklärt, wie schwer wiegend ein Fehler des Schiedsrichters war und wie entscheidend er den Verlauf des ganzen Spiels beeinflusst hat.

Zur persönlichen Unzufriedenheit, weil man in diesem Fall seiner Aufgabe nicht voll und ganz gerecht geworden ist, es nicht geschafft hat, das zu zeigen, was im Training erarbeitet wurde, kommt der Eifer, mit dem die Medien jenen einen Fehler wieder und wieder zeigen und zur Sprache bringen.

Das Ergebnis ist, dass man einen arg belasteten Sonntagabend und getrübten Wochenanfang verlebt. Man vermeidet es, fernzusehen und in die Zeitungen zu schauen, in der trügerischen Hoffnung, sich auf diese Weise selbst überzeugen zu können, dass eigentlich überhaupt nichts passiert sei.

Aber sich vollkommen abzuschotten ist unmöglich. Und daher ist es viel besser, die Initiative zu ergreifen, um zu zeigen, dass der Fehler nur ein Ausrutscher war. Darin liegt auch der Grund, warum man nun so schnell wie möglich wieder auf den Platz möchte, am besten schon am nächsten Tag, um nicht eine ganze Woche oder länger auf die Chance, die Scharte auszuwetzen, warten zu müssen. Das ist nämlich die schlimmste Zeit, das Warten darauf, wieder für ein Spiel angesetzt zu werden. Ebenso ergeht es ja auch den Spielern nach einem Patzer, auch wenn es leider zwischen ihnen und uns einen großen Unterschied hinsichtlich der Folgen eines

Fehlers gibt. Ein Spieler, der zu Ende einer guten Partie eine sichere Torchance vergibt, wird sich schwerlich am nächsten Sonntag auf der Bank wiederfinden. Ein Schiedsrichter jedoch, der nach einer guten Leistung über fast neunzig Minuten ebenso schwer danebenhaut, indem er etwa einen unberechtigten Elfmeter gibt, kann am nächsten Sonntag seine Kinder glücklich machen: Dann hat er nämlich alle Zeit der Welt, mit ihnen ins Kino zu gehen.

Ähnlich wie Erfolge, erreichte Ziele schnell vergessen werden sollten, weil es wichtig ist, immer nach vorne zu schauen, sollte man auch einen Fehler abhaken. Vielleicht nicht ganz so schnell, denn zuerst muss man noch erkennen, wie es zu ihm kommen konnte. Einen Fehler zu vergessen heißt, sich nicht durch die Erinnerung an ihn beeinflussen zu lassen. Denn das könnte in bestimmten Situationen unangenehme Konsequenzen haben.

Ich und ... die Noten

Collina: 2. Gute Spielleitung. Hat die Schlüsselszenen richtig interpretiert.

Collina: 5. Den gegebenen Elfer hat wohl nur er gesehen.

Wie viele derartige Benotungen und Kommentare werde ich in den langen Jahren meiner Karriere wohl schon nach dem Spiel gelesen haben?

Dann lesen also Schiedsrichter ihre Noten in den Zeitungen?

Aber ja, das lässt sich schlecht leugnen.

Es versteht sich von selbst, dass uns zunächst einmal

vor allem das Urteil des Spielbeobachters interessiert, der uns zu bewerten hat. Daher leitet sich auch die eigene Einschätzung der Leistung zunächst einmal aus seiner Sichtweise des Spiels ab.

Aber natürlich wollen wir auch wissen, wie unsere Leistung von den Leuten gesehen wird, die über das Spiel zu berichten haben.

Nicht immer stimmen dabei die Spielbeobachter und die Sportjournalisten in ihrem Urteil überein, ja, zuweilen gibt es auch eklatante Unterschiede, je nachdem, welche Bedeutung den einzelnen Situationen, die aufgetreten sind, beigemessen wird: So wird die Bewertung Ersterer mehr auf dem basieren, wie sich ein Schiedsrichter das ganze Spiel über verhalten hat, während Letztere eher bei einzelnen Szenen Halt machen. Denn die Aufgabe eines Spielbeobachters besteht ja nur darin, den Schiedsrichter im Auge zu behalten, und so fällt es ihm leichter, ihn nach seiner Leistung über die gesamten neunzig Minuten hinweg zu bewerten. Ein Sportjournalist hingegen richtet seine Aufmerksamkeit notwendigerweise auf die eigentlichen Hauptakteure des Spiels, die Spieler nämlich, und auf den Schiedsrichter nur dann, wenn er ins Geschehen eingreift.

Es nicht einfach, die Leistung eines Schiedsrichters zu beurteilen, besonders ohne die Hilfe von Fernsehkameras, und daher sind die häufig sehr stark voneinander abweichenden Urteile in den Reihen der Sportjournalisten eigentlich völlig normal. Die Vorstellung des Unparteiischen in ein und derselben Partie kann von dem einen als schwach, von dem anderen als überzeugend bewertet werden, auch wenn beide nur wenige Meter voneinander entfernt sitzen.

Ich glaube, eine Fünf in der Benotung hat noch keinen Schiedsrichter »umgebracht«. Während in anderen

Ländern Schiedsrichterbewertungen eher selten sind, es sei denn, sie hätten eine eklatante Fehlentscheidung getroffen, ist es in Italien normal, dass über sie geschrieben und diskutiert wird. Hauptsächlich, die Bemerkung sei mir gestattet, unter negativen Vorzeichen, denn leider ist eine gute Schiedsrichterleistung weniger interessant als ein krasser Fehler.

Ich beschwere mich nicht darüber, kritisiert und auch negativ beurteilt zu werden. Das gehört zum Spiel, und auch die Spieler müssen damit leben. Wichtig ist nur, der Kritik nicht allzu viel Bedeutung beizumessen, sich nicht von ihr unter Druck setzen zu lassen, sondern sie als einen zusätzlichen Anreiz zu sehen, es beim nächsten Mal noch besser zu machen. Noch wichtiger ist aber – auf Seiten der Kritik –, gewisse Grenzen nicht zu überschreiten und nie zu vergessen, dass hinter dem Schiedsrichter auch ein Mensch mit seinem Privatleben steht, das für Angriffe tabu ist. Damit meine ich sein berufliches Umfeld und mehr noch seine Familie, vor allem die Kinder, die sicherlich nicht jubeln werden, wenn sie bestimmte Kommentare zu lesen bekommen. Und daher sollte ein Journalist, bevor er ein allzu abwertendes Adjektiv für eine besonders negative Vorstellung benutzt, lieber zweimal nachdenken.

Ich und … die Zeitlupe

Als Carlo Sassi und Heron Vitaletti im Oktober 1967 die Zeitlupe »erfanden« und in der Fußballsendung *Domenica Sportiva* einige Schlüsselszenen eines Spiels verlangsamt vorführten, hätte wohl niemand geglaubt, dass ihre Erfindung im Lauf der Jahre eine solch enorme Bedeutung gewinnen würde.

Zu jener Zeit wurden die Spiele nur von ein paar wenigen Kameras aufgezeichnet, und die vom Fernsehen gelieferten Bilder waren selten in der Lage, mit dem Schiedsrichter zu konkurrieren. Es wurden auch nur ganz wenige Szenen, die allerwichtigsten eben, gezeigt.

Im Lauf der Jahre hat die Technik unglaubliche Fortschritte gemacht, und heute ist das Auge der Fernsehkameras in der Lage, praktisch alles zu zeigen, was auf dem Spielfeld passiert. Wenn man bedenkt, dass die Spiele unserer Serie A von mindestens einem Dutzend Kameras aufgenommen werden und die besonders wichtigen Spiele sowie die Begegnungen der Champions League sogar von sechzehn bis zwanzig Kameras, so haben sich im »Wettbewerb« Schiedsrichter – Fernsehen die Vorteile einseitig in Richtung Fernsehen verschoben.

Im Verlauf einer Partie muss ein Regisseur schon wirklich »blind« sein, um nicht das eine oder andere von einer Fernsehkamera in besonders günstiger Position aufgenommene Bild zu finden, das eine Szene anders zeigt, als der Schiedsrichter sie gesehen hat. Oder gar eine Szene, die der Schiedsrichter überhaupt nicht sehen konnte.

Um ein Beispiel zu nennen: Bei Eckbällen oder Freistößen zeigt man in der Fernsehübertragung häufig, wie, zuweilen auch ganz offen, im Strafraum gehalten und am Trikot gezogen wird, um daran sofort die Frage anzuschließen, wie der Schiedsrichter das bloß übersehen konnte. Von wenigen Ausnahmen abgesehen, bleibt dabei unerwähnt, dass diese Bilder nie die Live-Bilder sind, sondern in der Wiederholung gezeigt werden. Denn während die Hauptkamera den Strafraum in der Totalen abdeckt, sind andere ganz gezielt auf einzelne

Spielerpärchen gerichtet. Und wenn dann was passiert, kann das viel leichter erkannt und dem Publikum vorgeführt werden.

Leider verfügt ein Schiedsrichter nicht über diese Möglichkeiten. Er hat keine Fliegenaugen, die sich zur selben Zeit auf mehrere Bilder einstellen können. Sein Blick ist und bleibt aufs Ganze gerichtet, und allein sein Gespür veranlasst ihn dazu, bestimmte »foulträchtige« Situationen noch genauer zu beobachten, etwa wenn ein Spieler nur noch nach seinem Gegenspieler schaut und nicht mehr, woher der Ball kommt. Es ist schade, aber es lässt sich nicht ändern: Gegen das Fernsehen hat der Schiedsrichter keine Chance. Sich dagegen zu wehren käme dem Versuch gleich, mit einem Kleinwagen schneller als ein Ferrari zu fahren: Da mag ein noch so überragender Fahrer am Steuer sitzen, irgendwann ist die Grenze erreicht. Worauf es nun aber ankommt, ist, dass der andere, am Steuer des Ferrari, auch weiß, wie er mit ihm umzugehen hat.

Immer wieder kommt von verschiedenen Seiten der Vorschlag, ähnlich wie in den amerikanischen Football- beziehungsweise Basketball-Profiligen NFL und NBA den Fernsehbeweis einzuführen. Einmal abgesehen von den grundlegenden Unterschieden zwischen unserem Fußball und diesen Sportarten, besonders dem American Football, der eigens für die Fernsehbelange »geschaffen« wurde, da die Unterbrechungen gewollt sind und als Werbepausen genutzt werden, muss man wissen, dass der Videobeweis auch hier nur in ganz speziellen Spielsituationen zugelassen ist. Im NBA-Basketball zum Beispiel wird er eingesetzt, wenn zu entscheiden ist, ob ein Korbwurf noch vor Ablauf der Uhr erfolgt ist. Das heißt, man überprüft, ob in dem Moment, da die für den Angriff zur Verfügung stehende Zeit abgelaufen ist, der Ball die

Hand des werfenden Spielers bereits verlassen hat. Wohlgemerkt, dabei geht es um Hundertstelsekunden, die das menschliche Auge unmöglich erfassen kann.

Aber abgesehen von diesen Betrachtungen bin ich froh, dass ich als Schiedsrichter nicht zu entscheiden habe, ob die Hilfe von Fernsehbildern ein gangbarer Weg ist. Nur ein paar Anmerkungen möchte ich schon dazu machen.

Erstens ist es absolut unwahr, dass die Unparteiischen generell gegen die Zeitlupe sind, weil dies mit »Machtverlust« ihrerseits einhergehen würde: Das Letzte, was einen Schiedsrichter auf dem Platz interessiert, ist Macht. Außerdem würde, auch wenn diese Mittel zum Einsatz kommen, die letzte Entscheidung bei ihm liegen.

Zweitens finde ich es wichtig, auf die Schönheit eines Sports hinzuweisen, der überall, vom Superstadion bis zum kleinsten Dorfplatz, mit ein und denselben Regeln gespielt wird.

Es stimmt, Schiedsrichter machen Fehler, und diese Fehler können manchmal das Ergebnis eines Spiels bestimmen. Aber meistens kommen auch noch andere Faktoren hinzu.

Auch Spielern unterlaufen Fehler, ebenso wie den Trainern auf der Bank. Sind ihre Fehler vielleicht von anderer Art als unsere? Warum gesteht man ihnen das Recht zu, Fehler zu machen, uns aber nicht?

Und man komme mir jetzt bitte nicht damit, diese würden für ihre Fehler ja auch »bezahlen«. Denn für Fehler bezahlen müssen wir ganz genauso.

Ich halte es für etwas übertrieben, das Fernsehen zur Hüterin der absoluten Wahrheit zu machen. Wenn Fernsehbilder etwas anders zeigen, als der Schiedsrichter es gesehen hat, steht die Verurteilung ja schon fest, ohne dass mildernde Umstände eingeräumt würden. Am unglaublichsten ist für mich aber Folgendes: Wenn Fernsehbilder, wie es zuweilen vorkommt, nicht zeigen können, was der Schiedsrichter gesehen hat, traut man meist nicht seiner Entscheidung, sondern lastet ihm einen Fehler an, weil keine Bilder existieren, die die Richtigkeit seiner Entscheidung beweisen.

Genau das ist bei der WM 1998 in Frankreich dem Schiedsrichter der Begegnung Norwegen gegen Brasilien, dem Amerikaner Baharmast, passiert. Das Spiel war entscheidend für das Erreichen der nächsten Runde, zwar nicht mehr für die bereits qualifizierten Brasilianer, aber für Marokko, das mit den Norwegern um den verbliebenen zweiten Gruppenplatz kämpfte. Beim Spielstand von 0:0 gibt Baharmast einen Elfmeter für Norwegen nach einem Foul, das sich mit den Fernsehbildern nicht beweisen lässt. Tor, Sieg und daraus resultierende Qualifikation Norwegens, die zu heftigsten Auseinandersetzungen führt: Zeitungen und Fernsehsender sprachen davon, wie wieder einmal der Fußball der starken Kontinente auf schändliche Weise dafür gesorgt habe, dass sich die ärmeren nicht im Konzert der Großen etablieren könnten, wobei alle wie selbstverständlich davon ausgingen, dass der Elfmeter eine Fehlentscheidung war. Zwei Tage lang habe ich in unserem gemeinsamen Quartier Baharmasts Frustration hautnah miterlebt. Er war sich sicher, die Sache richtig gesehen zu haben, erfuhr nun aber, dass ihm niemand glauben wollte. Diese zwei Tage waren wirklich die Hölle für ihn. Und dann tauchten plötzlich andere Videobilder auf, die für einen skandinavischen Fernsehsender aufgenommen worden waren, und bewiesen, dass tatsächlich ein brasilianischer Spieler, als der Ball noch weit entfernt war, seinen Gegenspieler am Trikot festgehalten hatte und dass die auf dem Platz getroffene Entscheidung folglich richtig war.

Auch wenn Baharmast dadurch rehabilitiert wurde, wer entschädigt ihn für diese zwei Tage, da alle Welt auf ihn einprügelte?

Heutzutage ist es völlig undenkbar, sich mit dem Fernsehen anzulegen. Das wäre sinnlos. Es geht darum, einen Weg zu finden, mit dem Medium zu leben. Und die einzige Möglichkeit dazu ist, zu akzeptieren, dass es auf dem Platz eigentlich zwei Spiele mit zwei Wahrheiten gibt. Zum einen das Spiel, wie es unmittelbar von den Spielern, den Trainern, dem Schiedsrichter und seinen Assistenten sowie dem Publikum auf den Rängen wahrgenommen wird. Und daneben noch ein weiteres, jenes des Fernsehens, mit seinen eigenen Wahrheiten, die sich von den anderen Wahrheiten unterscheiden können, aber deshalb nicht wahrer sind, sondern eben nur anders.

Und unter diesen Voraussetzungen wäre die Zeitlupe wirklich sinnvoll, nicht um die Fehler der Unparteiischen zu entlarven, sondern um ihnen dabei zu helfen, besser zu werden.

Welchen Sinn hat es zum Beispiel, die Leistung eines Schiedsrichters auf der Grundlage einer Wiederholung zu beurteilen, die von einer Hintertorkamera aufgenommen wird, wenn sich der Unparteiische doch während des Spiels niemals auf dieser Position aufhalten wird?

Zu behaupten, die Schiedsrichter seien schlecht, nur weil eine Einstellung aus einem Blickwinkel, die dem des Schiedsrichters diametral entgegengesetzt ist, einen Fehler beweist, ist nicht nur ungerecht, sondern trägt auch nicht dazu bei, die Leistung der Unparteiischen allgemein zu verbessern.

Der einzige Weg, um sich weiterentwickeln zu können, besteht darin, durch die Analyse der Fernsehbilder zu verstehen, warum ein bestimmter Fehler gemacht wurde, und dann zu versuchen, fortan den gleichen Fehler zu vermeiden.

Ich und … das Doping

Ein Schiedsrichter ist ein Mann der Regeln, das heißt, er steht auf dem Platz, um den Regeln Geltung zu verschaffen. Oder man könnte auch sagen, um den Hauptakteuren des Spiels dabei zu helfen, es den Regeln gemäß spielen zu können. Unter diesen Voraussetzungen liegt es auf der Hand, dass für einen Schiedsrichter die Einhaltung von Regeln zu einer ganzen Lebenseinstellung wird. Und daher ist für mich allein schon der Gedanke, verbotene Mittel zu benutzen, um sportliche Ziele zu erreichen, mit meinen Überzeugungen nicht in Einklang zu bringen.

Respekt vor den Regeln und Respekt vor dem Gegner, Respekt vor den Mühen und Anstrengungen, die auch andere auf sich genommen haben, um sich auf den Wettkampf vorzubereiten. Darum geht es. Und Doping, also der Gebrauch von Substanzen, die bessere Resultate ermöglichen, als sie der Körper eigentlich zu leisten imstande ist, ist vor allem eine Form mangelnden Respekts gegenüber anderen.

Es ist richtig, dass die Schädigung des eigenen Organismus durch leistungsfördernde Substanzen geahndet und sogar strafrechtlich verfolgt wird. Aber für mich ist das nicht der wichtigste Aspekt. Überspitzt formuliert, würde ich vielleicht sogar theoretisch, und ich betone theoretisch, noch akzeptieren, dass sich ein Sportler seine Gesundheit ruiniert, aus dem ganz persönlichen Verlangen heraus, sich selbst zu beweisen, dass er zu etwas fähig ist, was ihm sein Organismus andernfalls nicht ermöglichen würde. Das aber außerhalb des sportlichen Wettkampfs. Übrigens glaube ich auch nicht, dass Rauchen oder hoher Alkoholkonsum der eigenen Gesundheit gut tun. Aber bestraft wird man dafür nicht.

Nicht mehr akzeptabel ist für mich hingegen die Einnahme von chemischen Substanzen, um die eigene Leistung zu steigern und so einen Wettkampf zum Nachteil derer zu gewinnen, die sich allein auf die Schinderei und den Schweiß des Trainings verlassen haben.

Resultate dürfen nur durch Leistungen erreicht werden, zu denen der eigene Körper fähig ist, und Steigerungen müssen die Folge des Trainings, des Engagements, der täglichen Opfer sein. Zu einfach und gleichzeitig zu riskant ist es, Abkürzungen zu suchen, um dasselbe Resultat ohne Anstrengung und in kürzerer Zeit zu erreichen. Und eben weil das Risiko für Jugendliche am größten ist, ist das positive Beispiel, das vom Spitzensport ausgehen kann, von elementarer Bedeutung.

Nur strenge, wirksame Kontrollen sowie Strafen, die wirklich wehtun, können dafür sorgen, dass sich die Kette der Doping-Fälle in den letzten Jahren nicht weiter fortsetzt. Doch diese Maßnahmen müssen gekoppelt sein an eine ernst gemeinte Erziehung zu einer Kultur des Sports. Damit gerade junge Menschen erkennen, wie viel Spaß es macht, im sportlichen Wettkampf auf faire Weise, ohne Tricks, die eigenen Leistungsgrenzen zu testen.

Ich und ... die Erinnerungen

Wie schon mehrmals erwähnt, sollte man, solange man seine Tätigkeit noch ausübt, also noch ein »Schiedsrichter auf dem Platz« ist, nicht zurückblicken und über das nachdenken, was man schon erreicht hat.

Sehr viel sinnvoller ist es, weiterhin nach vorne zu blicken, in die Zukunft, auf das, was noch zu tun ist, sich eben dafür optimal vorzubereiten und die Erinnerungen auf den Zeitpunkt zu verschieben, wenn die Karriere zu Ende ist.

Ich bin kein leidenschaftlicher Fotograf, das heißt, ich reise nicht mit der Kamera bewaffnet durch die Welt, um Bilder und Situationen zur Erinnerung festzuhalten.

Das heißt, wenn ich später einmal ganz frei an meine aktive Zeit, an die Spiele, die ich geleitet habe, zurückdenken kann, wird mir meine Sammlung von Spielertrikots sicher eine gute Erinnerungsstütze sein.

Man mag es vielleicht ein wenig infantil finden, aber für mich sind die Trikots der Spieler die schönsten, authentischsten Erinnerungen an ein besonderes Spiel, das man geleitet hat, zumal sie heute alle mit den Spielernamen versehen sind.

Zu meiner Sammlung gehören wirklich wertvolle Stücke, alle anderen überragend das Trikot, in dem Ronaldo das WM-Finale in Yokohama gespielt und gewonnen hat. Und dann das von Hamann, ebenfalls aus dem WM-Finale, die von Stam und Scholl aus dem Champions-League-Finale zwischen Manchester United und Bayern München, das von Zidane aus Frankreich gegen Spanien bei der EM 2000.

Das Trikot, in dem Beckham bei der letzten WM gegen Argentinien spielte, hat hingegen meine Tochter Carolina in ihren Besitz gebracht und denkt überhaupt nicht daran, es mir zurückzugeben.

Auch einige Trikots, die ich selbst in den wichtigsten Spielen getragen habe, habe ich in meine Sammlung aufgenommen. Eine Anerkennung, die ich mir selbst zugestanden habe, weil ich schließlich auch zu den Hauptakteuren jener Endspiele zählte.

Umgekehrt kann auch das Trikot des Schiedsrichters von einigem Interesse sein, und häufig erlebe ich es, dass mich ein Spieler nach der Begegnung darum bittet. Ich freue mich darüber, beweist es doch, wie gut das Verhältnis zwischen Spielern und Unparteiischen im Allgemeinen ist. Doch leider werden uns, anders als den Spielern, zu Beginn der Saison nur sehr wenige Trikots zur Verfügung gestellt. Daher muss ich schweren Herzens und auch auf die Gefahr hin, ihn vor den Kopf zu stoßen, dem betreffenden Spieler erklären, dass ich, wenn ich der Bitte nachkäme, am nächsten Sonntag nackt aufs Feld laufen müsste.

Neben Trikots gehören auch Bälle zu meiner Sammlung, doch nur die aus den allerwichtigsten Spielen. Es war gar nicht so leicht, sie mitzunehmen, vor allem den des WM-Finales. Als nur noch wenige Sekunden zu spielen und die Partie entschieden war, begann ich mir Gedanken zu machen, wie ich das Spiel abpfeifen könnte, ohne dass der Ball, mit dem die letzten Aktionen gespielt wurden, irgendwo verschwindet. Es dem brasilianischen Schiedsrichter Coelho im von Italien gewonnenen Finale '82 nachzutun, der beim Abpfiff den Ball hoch über den Kopf hielt, damit keiner drankam, schien mir doch ein wenig übertrieben. Aber den Ball haben wollte ich schon. Daher bewegte ich mich auf den brasilianischen Spieler zu, der im Ballbesitz war, und sagte auf Spanisch, da ich des Portugiesischen nicht mächtig bin, zu ihm, er solle mir den Ball zuspielen. Doch wahrscheinlich war er in dem Moment zu aufgeregt, jedenfalls verstand er mich nicht, und so begann, jetzt bereits in der Nachspielzeit, eine seltsame »Verfolgungsjagd«, die manch einem Experten sicher aufgefallen ist, bis ich mich, dank eines Fouls eines deutschen Spielers, wieder dem Ball nähern, ihn aufnehmen und endlich das Spiel abpfeifen konnte. Und die ganze Zeit nach dem Spiel, einschließlich der Ehrung, war der Ball immer in meinen Händen, denn die Gefahr, dass er verschwinden könnte, war groß, und Vertrauen ist gut, doch ...

Ich und ... die Werbung

Als zum ersten Mal eine Agentur Kontakt zu mir aufnahm, um mir die Teilnahme an einer Werbekampagne vorzuschlagen, war ich sehr überrascht.

Bis zu jenem Zeitpunkt im Frühjahr 2000 – es kommt mir jetzt so vor, als sei seit damals eine Ewigkeit vergangen – war noch nie eine Agentur auf die Idee gekommen, mit einem Schiedsrichter für ein Produkt zu werben.

Allerdings hatte bereits ein paar Jahre zuvor der Sportartikelhersteller Diadora als Sponsor des italienischen Schiedsrichterverbandes die Möglichkeit erhalten, mein Bild für eine Reihe von Werbeseiten einzusetzen, in denen es aber eben um dieses Sponsorenverhältnis ging.

Neben den greifbaren, speziell finanziellen Vorteilen, die allerdings nicht so erheblich waren, wie man vielleicht denken könnte, gefiel mir an meinem Werbeauftritt vor allem die Möglichkeit, einer breiten Öffentlichkeit zu zeigen, dass sich die Figur des Schiedsrichters auch anders darstellen lässt, als es heute allgemein der Fall ist. Ein Unparteiischer nicht als »notwendiges Übel« im großen Fußball, sondern als Werbeträger, um ein positives Image einer Marke aufzubauen, was natürlich auch eine extrem positive Außendarstellung unserer Rolle als Schiedsrichter beinhaltete. Und positiv waren auch die anderen Persönlichkeiten, die mit mir an der Kampagne teilnahmen, von Yuri Chechi bis Cino Ricci, von Luciano De Crescenzo bis Oliviero Toscani, allesamt große Könner auf ihrem Gebiet.

Ich halte es einfach für fundamental wichtig, das Schiedsrichterimage zu verbessern, und das nicht nur an der Spitze, bei den Profis, sondern vor allem auch an der Basis, beim Jugend- und Amateurfußball, wo der Schiedsrichter immer noch viel zu häufig allein dasteht, ganz allein.

Auf dieses Gefühl, ganz auf sich selbst gestellt zu sein, das unserer Rolle eigen ist, bezog ich mich, als ich beschrieb, was man beim Einlaufen auf den Platz empfindet. Mit den Worten, die auch bei der Werbekampagne 2002 benutzt wurden: »Nur noch fünf Sekunden, nur noch die wenigen Stufen zum Spielfeld hinunter, und dann bleibst du allein, inmitten Tausender von Menschen …«